第2版

肌肉训练实战宝典

○○ 成振 编著

○ 80S 摄影

人民邮电出版社
北京

图书在版编目（CIP）数据

肌肉训练实战宝典 / 成振编著；80S摄. -- 2版
. -- 北京：人民邮电出版社，2022.10
ISBN 978-7-115-57283-7

Ⅰ. ①肌… Ⅱ. ①成… ②8… Ⅲ. ①肌肉-力量训练
-图解 Ⅳ. ①G808.14-64

中国版本图书馆CIP数据核字(2021)第179469号

免责声明

　　本书内容旨在为大众提供有用的信息。所有材料（包括文本、图形和图像）仅供参考，不能替代医疗诊断、建议、治疗或来自专业人士的意见。所有读者在需要医疗或其他专业协助时，均应向专业的医疗保健机构或医生进行咨询。作者和出版商都已尽可能确保本书技术上的准确性以及合理性，并特别声明，不会承担由于使用本出版物中的材料而遭受的任何损伤所直接或间接产生的与个人或团体相关的一切责任、损失或风险。

内 容 提 要

　　本书是专为期望快速强化身体肌肉的读者所设计的入门级图书。通过专业教练的详细演示，读者可以快速了解肌肉训练的方法与技巧。喜欢健身的读者可以通过阅读本书，轻松掌握肌肉训练的相关知识和实际方法。无论是入门级练习者，还是资深健身教练，都可以从本书中找到自己想要的知识和训练技法。

　◆　编　　著　成　振
　　　摄　　影　80S
　　　责任编辑　林振英
　　　责任印制　马振武
　◆　人民邮电出版社出版发行　　北京市丰台区成寿寺路 11 号
　　　邮编　100164　　电子邮件　315@ptpress.com.cn
　　　网址　https://www.ptpress.com.cn
　　　临西县阅读时光印刷有限公司印刷
　◆　开本：700×1000　1/16
　　　印张：13　　　　　　　　　2022 年 10 月第 2 版
　　　字数：333 千字　　　　　　2022 年 10 月河北第 1 次印刷

定价：59.80 元

读者服务热线：(010)81055296　印装质量热线：(010)81055316
反盗版热线：(010)81055315
广告经营许可证：京东市监广登字 20170147 号

目　录

第一章

肌肉训练的基础知识

第二章

训练前的热身运动

第三章

教你如何锻炼胸肌

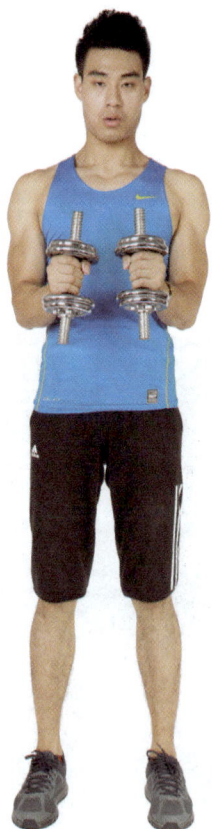

第四章

教你如何锻炼肩肌

第五章

教你如何锻炼背肌

第六章

教你如何锻炼手臂肌群

第七章

教你如何锻炼腿部与臀部肌肉

第八章

教你如何锻炼腹肌

第九章

训练后的拉伸运动

第十章
那些不得不说的知识

第一章
肌肉训练的基础知识

本章主要介绍人体的主要肌肉组织、肌肉训练的好处、身体质量指数，以及肌肉训练前的饮食搭配。

了解人体肌肉组织

在进行肌肉训练之前,让我们先了解一下人体肌肉组织的名称和位置,有了这些知识,我们就可以更有针对性地进行肌肉训练。

胸锁乳突肌

颈部主要肌肉之一,属于浅层肌肉,颈部的大部分运动都需要其参与。

胸大肌

位于上身正面,是胸部最主要的肌肉。

三角肌

俗称虎头肌,形状为三角形,共有三束,分布于肩部的前侧、外侧和后侧。

肱二头肌

上臂前侧的肌肉之一,该肌肉的健壮程度是衡量一个人是否健康有力的标准之一。

腹直肌

腹部重要肌肉,均匀分布于腹部前方的两侧,外层被腹直肌鞘包裹。

腹外斜肌

肌肉形状扁平而宽阔,属于扁阔肌,是腹部前方外侧的肌肉。

缝匠肌

位于大腿前内侧,为细长的、扁平的条状肌肉。

股四头肌

位于大腿的前侧,人体重要肌肉之一,腿部主要动作的完成离不开股四头肌,它也是人体的主要支撑肌肉。在塑造腿部肌肉时,其是必须练习的部位。

胫骨前肌

位于小腿的前侧,紧贴胫骨。

斜方肌

位于背部的中上部位，按照其肌纤维的走向分为上部、中部与下部。斜方肌属于浅层肌肉。

肱三头肌

位于上臂的后侧，肱三头肌的三个头，分别是上侧后方的长头，上侧外方的外侧头，以及下方的内侧头。

肱桡肌

位于前臂的外侧皮下，呈长扁形，由桡神经支配。

腘绳肌

腘绳肌位于大腿的后侧，是包括股二头肌、半膜肌、半腱肌的肌群。与大腿前侧的股四头肌前后对应。

腓肠肌

小腿后侧的大块肌肉，左右两块肌肉在小腿中部结合，属于浅层肌肉。其下端形成坚韧的跟腱，连接跟骨，有助于直立行走。

背阔肌

位于躯干背面，形状宽大扁平，是扁肌。其由胸背神经支配。

臀大肌

略呈四边形，大腿无论是向后伸展，还是外旋，都要用到该肌肉。其由臀下神经支配。

大收肌

位于大腿内后侧，主要作用是内收、微屈髋关节。

比目鱼肌

位于腓肠肌下层，有助于直立行走。

趾长屈肌

位于比目鱼肌下层，维持足尖站立姿势。

13

日常肌肉训练的好处

　　肌肉训练对每个人来说，都是必要的、对身心有益的事情。肌肉的健康状况，关乎人体多个系统的健康状况，但是在日常生活中，大部分人尚未意识到肌肉训练的重要性。下面就来介绍一下肌肉训练的好处。

1. 延缓衰老

　　随着年龄的增长，肌肉逐渐萎缩，而脂肪的含量在逐渐增加。肌肉训练能使肌肉重量、肌肉与脂肪的比例都维持在相对稳定的水平；同时可以维持较强的心肺功能，为肌肉与骨骼提供充足的养分，从而大大延缓身体的衰老速度。

2. 增强肌力和肌耐力

　　不同强度的肌肉训练，可以在各方面提升肌肉的能力。如果想增加肌肉力量，可以采用较高强度的训练；如果想使肌肉在短时间内爆发出最强力量，可以采用中等强度、持续时间较短的训练；如果想让肌肉工作的时间更长、更加有耐力，则可以采用低强度、持续时间长的训练。

3. 减少肥胖

　　运动能加快血液流动速度，提升心肺功能，加快体内新陈代谢速度，加速脂肪的燃烧，减少身体脂肪的含量，这能减少肥胖的发生。

4. 提升运动能力

　　人体的运动能力与肌肉，以及与肌肉运动息息相关的神经系统关系紧密。肌肉训练不仅能提升肌肉力量与运动速度，还能提升神经系统的敏感性，以更好地支配身体各部位进行运动，在整体上提升运动能力。

5. 减少损伤和疼痛

　　长期保持固定姿势工作，某些部位的肌肉经常保持紧张状态，得不到缓解，会造成该部位的肌肉僵硬和疼痛。及时进行肌肉训练，会使该部位的肌肉得到放松，使人体远离一些慢性疾病，如腰椎与颈椎的疾病。

6. 降低血脂和胆固醇

　　肌肉训练能使血液流动加速，体内有些物质的排除、转化或消耗也会加速。例如胆固醇与低密度脂蛋白，在进行肌肉训练后，都会在一定程度上降低。

身体质量指数

身体质量指数，简单来说就是身高与体重的比例，可以用来评估体重是否会给身体带来健康风险。

体重	身高									
	1.47 米	1.52 米	1.57 米	1.62 米	1.68 米	1.73 米	1.78 米	1.83 米	1.88 米	1.93 米
54 千克	25	24	22	21	19	18	17	16	15	15
57 千克	26	24	23	22	20	19	18	17	16	15
59 千克	27	25	24	22	21	20	19	18	17	16
61 千克	28	26	25	23	22	21	19	18	17	16
63 千克	29	27	26	24	23	21	20	19	18	17
66 千克	30	28	27	25	26	22	21	20	19	18
68 千克	31	29	28	26	24	23	22	20	19	18
70 千克	32	30	28	27	25	24	22	21	20	19
73 千克	34	31	29	28	26	24	26	22	21	20
75 千克	35	32	30	28	27	25	24	22	21	20
77 千克	36	33	31	28	26	24	23	22	21	
79 千克	37	34	32	30	28	27	25	24	23	21
82 千克	38	35	33	31	29	27	26	24	26	22
84 千克	39	36	34	32	30	28	27	25	24	23
86 千克	40	37	35	33	31	29	27	26	24	23
88 千克	41	38	36	34	32	30	28	27	25	24
91 千克	42	39	37	34	32	30	29	27	26	24
93 千克	43	40	38	35	33	31	29	28	26	25
95 千克	44	41	39	36	34	32	30	29	27	26
98 千克	45	42	39	37	35	33	31	29	28	26
100 千克	46	43	40	38	36	34	32	30	28	27
102 千克	47	44	41	39	36	34	32	31	29	27
104 千克	48	45	42	40	37	35	33	31	30	28
107 千克	49	46	43	40	38	36	34	32	30	29
109 千克	50	47	44	41	39	37	35	33	31	29
111 千克	51	48	45	42	40	37	35	33	32	30

指数分析		
	＜18.5	意味着体重过轻，可能是营养不良的前兆
	18.5~24.9	意味着相对身高而言，体重属于健康状态
	25~29.9	意味着体重过重，健康风险提高
	≥30	意味着肥胖，健康风险显著提高，需要运动

肌肉训练前的饮食搭配

我们需要从营养和健康的角度来搭配饮食，这样可以让肌肉训练更为有效。

六大营养素

六大营养素分别是糖类、蛋白质、脂肪、水、维生素，以及无机盐。这六种物质是维持身体机能正常的必要成分，了解这六种物质的基础知识，有助于我们进行肌肉训练。

种类	作用	来源	摄取量
糖类	人体能量的主要来源。在人体内主要以葡萄糖的形式被吸收	蔬菜、水果和谷物等	摄取量应占全天总能量的 50%~60%
蛋白质	构成肌肉的主要成分，主要由不同的氨基酸组成	瘦肉、蛋、奶等	每天每千克体重摄取 1.2~1.6 克蛋白质
脂肪	对人体有着多种作用，是重要的能量储备物质。在肌肉训练时要严格控制摄取的脂肪量，以提高训练效果	包含动物性脂肪的有肥肉类、鱼肝油、骨髓、蛋黄等；包含植物性脂肪的有大豆、花生、油菜籽、葵瓜子、核桃仁等	训练时，要严格控制摄入的脂肪量
水	人体必不可少的营养素。水占人体总重量的 60%~70%，肌肉中的水的重量占 72% 左右	日常摄取	正常人每天饮用 1.5 升水为佳，肌肉训练者须适度增加摄取量

种类	作用	来源	摄取量
维生素	人体一旦缺乏维生素，代谢反应和能量输出就会出现相应的问题，从而导致免疫力下降	水果、蔬菜	保持维生素摄取全面，不挑食、不厌食
无机盐	可分为常量元素和微量元素两大类	日常食物	在正常饮食中摄取即可

（续）

第二章
训练前的热身运动

热身运动的主要目的是让骨骼、肌肉活动起来，升高温度，提高活动性，为之后高难度的肌肉训练做好铺垫。热身运动可以使血液流动速度增快，并提升血液中的含氧量，为肌肉提供充足的能量，从而减少运动损伤。

热身运动的必要性

「热身运动的好处」

　　无论哪种运动，在开始进行之前，都需要进行相应的热身运动。有效的热身运动能使身体各部分肌肉、关节都变得灵活起来，以适应后续的运动。

　　通过热身运动，我们的身体开始进入运动状态，身体的总体温度会随着运动时间的增加而慢慢提升，肌肉与肌腱开始脱离僵硬状态，变得柔软而有弹性，关节的润滑性提升，随之运动能力开始增强，这能有效避免运动损伤的发生。

「热身时的注意事项」

❶ 热身的幅度不要太大，速度也不要太快，否则容易拉伤肌肉。有些动作在热身时不能多做，如前后弓步、左右弓步。在身体没有进行充分预热的前提下，过多地做这些动作容易拉伤膝关节周围的韧带与肌肉。

❷ 热身的总体强度要控制在合理的范围内，如果动作强度太大，容易很快带来疲劳感，但动作强度太小的话，活动不充分，起不到热身的作用，对训练起不到太大的作用。

❸ 在比较冷的天气和季节里，身体的肌肉与关节都处于僵硬状态，此时需要加长热身的时间，使身体充分预热，这有助于后期的训练。

「热身运动的认知评判」

✅ 身体开始微微出汗。

❌ 做完热身运动后，身体温度低。

❌ 肌肉柔韧性不好，就可以不热身。

✅ 对身体各部位的关节进行热身运动，尤其是四肢关节，以及颈、肩、腰部、髋关节。

✅ 调整呼吸节奏，避免急促呼吸。

❌ 在做热身运动时，膝关节前屈超过脚尖也没有关系。

✅ 在冬季做热身运动时，首先要注意身体各关节的热身，让关节变得灵活起来。

✅ 热身时，如果有抽筋现象出现，则要立刻停止运动，直到肌肉恢复正常再开始运动。

❌ 热身时的肌肉酸痛不是持久的，不用担心，继续热身就可以得到缓解。

「热身前应该了解哪些」

❶ 在进行热身时，肌肉要控制用力，如果力度过大过猛，会对关节造成伤害。

❷ 如果刚用餐完毕，或者刚喝了很多水，最好等 30 分钟再进行热身。

❸ 注意热身运动的强度，避免在训练前用力过度。

❹ 在热身运动中，通常会出现胸口憋闷、喘气或者举步维艰等情况，这些都是正常的，这是因为氧气供应还没有上升到供给运动的水平。

手腕、脚腕运动

手腕、脚腕

STEP ▶▶▶
01

STEP ▶▶▶
02

拳心朝上。

训练难度 ★★★　　　训练方法 4 组，每组 30 次

训练要点
手臂上抬，身体笔直。

间歇时间
15 秒

动作步骤

01 直立姿，双脚分开与肩同宽，双手握拳，拳心向上。

02 身体保持固定，双手手腕由内向外进行画圈动作。

顺时针

逆时针

右脚脚跟向上抬
起，脚尖点地

---

03 双手向反方向进行画圈动作。

04 右脚抬起，以脚尖为轴顺时针画圈。

05 右脚逆时针画圈。注意不要损伤脚踝。右脚完成规定次数后，换左脚进行同样的
动作。

02 肘关节运动

肘关节、手臂

STEP ▶▶▶ 01

STEP ▶▶▶ 02

STEP ▶▶▶ 03

手臂向下

训练难度 ★★★　　　**训练方法** 4组，每组30次

训练要点
上臂固定，身体挺直。

间歇时间
15秒

动作步骤

01 直立姿，双脚分开与肩同宽，双臂弯曲，右手握住左肘，左手握拳，拳心朝面部。

02 按照箭头所示方向，逐渐将前臂向前、向下放。

03 伸展肘关节至左臂伸直。左臂完成规定次数后，换右臂进行同样的动作。

03

胸、肩、背运动

胸、肩、背

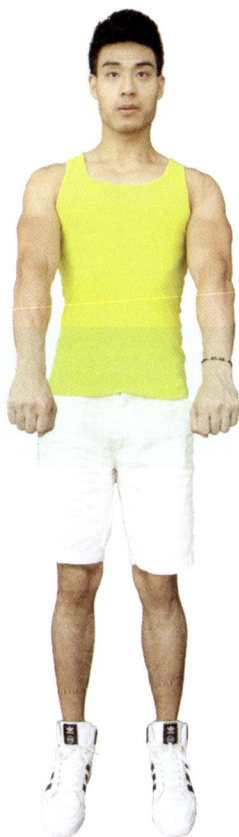

举到最高处

训练难度 ★★★　　**训练方法** 4 组，每组 30 次

训练要点
手臂伸直上举。

间歇时间
12 秒

动作步骤

01 直立姿，双脚分开与肩同宽，双臂伸直，两手握拳，拳眼朝内。

02 双臂上举，直至与肩等高，停顿几秒，使肩部得到充分热身。

03 双臂上举，举到最高处后，肌肉开始放松。

STEP ▶▶▶
04

向侧后方移动

STEP ▶▶▶
06

STEP ⯯⯯
05

放下

手臂伸直。

04 按箭头所示的方向，手臂缓慢向身体侧后方移动。

05 手臂向下移动至与髋部同高，在整个过程中手臂保持伸直。

06 最后双臂回归到大腿两侧，重复动作以达到热身的效果。

04 胸、肩部拉伸运动

胸、肩

STEP▶▶▶ 01

STEP▶▶▶ 02

STEP▶▶▶ 03

训练难度 ★★★　　**训练方法** 4 组，每组 30 次

训练要点
感受肌肉得到拉伸。

间歇时间
15 秒

动作步骤

01 右手手掌抵住柱子，左脚做弓步准备。

02 上身向前倾，右手手掌继续抵住柱子，肩膀用力，起到热身的作用。

03 身体前倾到最大限度后，能拉伸到肩和胸部。右侧完成规定次数后，换另一侧进行同样的动作。

05 跳跃运动

脚、脚腕

向上跳起。

脚尖离地

训练难度 ★★★　　训练方法 4 组，每组 30 次

训练要点	间歇时间
身体直立，双臂固定。	15 秒

动作步骤

01 直立姿，双脚分开与肩同宽。准备缓慢起跳，避免脚腕受伤。

02 向上跳起，注意双腿一边上跳，一边蹬伸。

06

颈、手臂运动

颈、肩

STEP ▶▶▶ 01

伸直

向右转头。

STEP ▶▶▶ 02

右手五指并拢，
掌心朝上

训练难度 ★★★　　　训练方法 4 组，每组 30 次

训练要点
手臂伸直，身体直立。

间歇时间
15 秒

动作步骤

01 直立姿，双脚分开与肩同宽，双臂向两侧上举，直至与肩等高，双手掌心方向相反，头部看着掌心向上的一侧。

02 头部向另一侧缓慢转动，双手翻转。

07 腰、腹运动

腰、腹

顺时针旋转

训练难度 ★★★　　　**训练方法** 4 组，每组 30 次

训练要点
双脚固定，上身旋转。

间歇时间
15 秒

动作步骤

01 直立姿，双脚分开与肩同宽，上身向前倾，五指张开，重心在身体前侧。

02 腰、腹用力，上身从左侧顺时针转动，双臂伸直随上身一起转动。

腰腹用力。

03 上身朝着身体正后方倾斜，双臂跟随摆动，直至双掌朝上。

04 上身旋转至身体右后侧，保持稳定。

05 上身顺时针进行360度旋转，直至完成规定次数。换另一侧逆时针进行相同的动作。

08

腰部及腿部拉伸运动

腰、腿

STEP 01

STEP 01

STEP 02

训练难度 ★★★　　　**训练方法** 4 组，每组 30 次

训练要点
核心收紧，背部挺直。

间歇时间
15 秒

动作步骤

01 直立姿，双脚分开与肩同宽，双臂屈肘，交叉，与肩部保持水平。

02 双腿膝关节伸直，收缩腿部肌肉的同时，向下俯身。

下压

03 继续俯身下压。

04 利用腰部的力量让上身向上抬起，初学者练习时很容易出现膝关节弯曲、背部弯曲等情况。

05 向上抬至身体直立，还原到初始姿势，动作结束。在做此动作的时候，动作速度不要太快。

第三章

教你如何锻炼胸肌

胸肌是健身爱好者们热衷于锻炼的部位之一。本章中的动作，主要着眼于胸肌的锻炼，同时也兼顾其他相关肌肉的训练。锻炼的工具主要是健身垫、哑铃等。

有关胸肌训练的知识

「胸肌的组成」

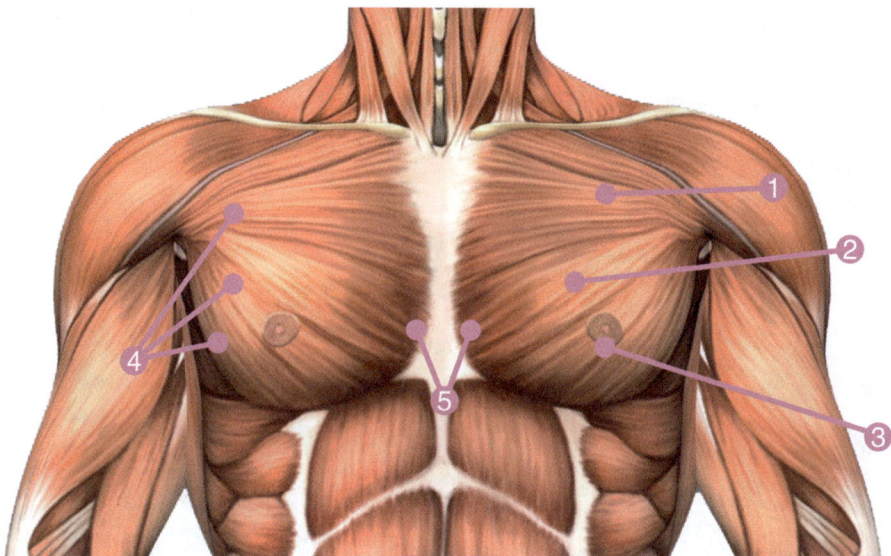

① 胸上斜，位于胸肌的上部。

② 胸中部，位于胸肌的中部，是展现胸肌壮硕的重要部位。

③ 胸下斜，位于胸肌的下部，可以显示胸肌的分离度是否足够。

④ 胸侧围（三角牛），包含 1、2、3 部位的胸肌侧围。这个部位能够增加胸肌的宽度。

⑤ 胸沟，是指经过训练后胸大肌和胸小肌的厚度。

「训练注意事项」

① 训练过程中，将精神集中于胸肌位置，感受该部位的发力。

② 对于训练节奏，下放动作速度要慢，向上回收动作速度要快，这可以使肌肉得到充分锻炼。

③ 确保动作质量，准确地做出每一个动作，在保质的基础上进行量的提升。

④ 科学安排锻炼时间。胸肌是大肌肉群，在进行一次集中训练后，下一次训练要间隔48小时，否则容易造成运动损伤，且肌肉的增长会很有限。

⑤ 胸肌训练的最佳时间在下午的4点至5点。在这个时间段中，身体的适应能力比较好。

⑥ 配合正确的呼吸方式进行训练。通常在发力时通过口部呼气，动作的还原过程中，则通过鼻子吸气。

「训练胸肌时会遇到的问题」

Q:

训练一段时间后，发现左右胸不对称怎么办？

A:

左右胸不对称是因为训练时没有严格按正确的动作标准来执行，有可能是双臂用力不均匀造成的，也有可能是动作姿势不正确造成的。注意在矫正训练中，要保持负重一致。

Q:

为什么训练时，我的肱三头肌很容易酸？

A:

肌肉发酸是因为肌肉的力量不足以维持动作。因此肱三头肌需要更多的锻炼。

01

宽距俯卧撑

胸、肩、手臂

STEP ▶▶▶
01

双手分开宽于肩

STEP ▶▶▶
02

手臂夹角越小越好。

训练难度 ★★★　　　**训练方法** 4 组，每组 12~36 次

训练要点
身体成一条直线。

间歇时间
30 秒

动作步骤

01 保持俯卧撑状态，脚尖着地，双臂屈肘，双手撑地。

02 手臂支撑身体，向下运动，注意双脚分开的宽度小于肩膀的宽度。

身体保持紧绷

手臂用力。

【肌肉图展示】

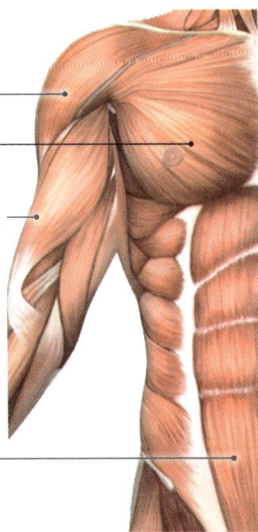

三角肌

胸大肌

肱二头肌

腹直肌

03 手臂支撑身体，慢慢向上移动，手臂微屈。

04 继续上抬身体，直至手臂完全伸直。动作过程中，保持脚尖用力撑地，双腿伸直。

前摇俯卧撑

胸、肩、背、手臂

训练难度 ★★★　　　训练方法 4组，每组 12~20 次

训练要点　　　　　　间歇时间
肩部保持稳定，身体挺直。　30 秒

动作步骤

01 呈俯卧撑准备姿势，双手分开略宽于肩，身体从颈部到脚跟成一条直线。

02 保持颈部到脚跟为一条直线，控制双臂肌肉力量，身体向下运动。

手臂支撑。

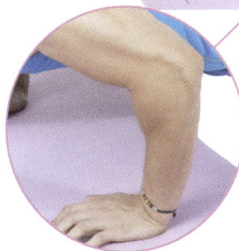

手臂成直角

03 做这个动作需要肘关节弯曲,使整个身体保持在同一水平面上。

04 手臂肘关节弯曲90度并保持,手臂和胸肌同时用力,使身体做好向前挺身的准备。

【肌肉图展示】

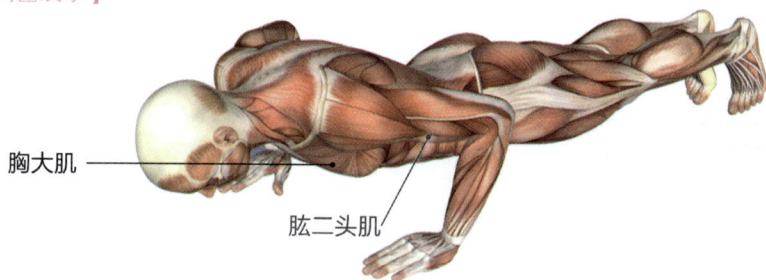

胸大肌

肱二头肌

05 手臂和脚用力，使肘关节从 90 度变为 180 度，并使身体向前移动，脚尖支撑身体，达到前摇的姿态。

06 手臂再次用力，使前摇的身体回归正常的俯卧撑姿势。这组动作反复进行，可以达到很好的锻炼效果。

中距俯卧撑

胸、肩、手臂

双手分开略宽于肩

训练难度 ★★★　　训练方法 4 组，每组 12~36 次

训练要点　　　　　　间歇时间
身体挺直，肩部放松。　30 秒

动作步骤

01 呈俯卧撑姿势准备，双手略宽于肩，手臂稍稍弯曲，用力支撑身体，腰部不能塌下。

02 肩部和臀部成一条直线，弯曲肘关节，控制手臂肌肉力量，身体向下运动。

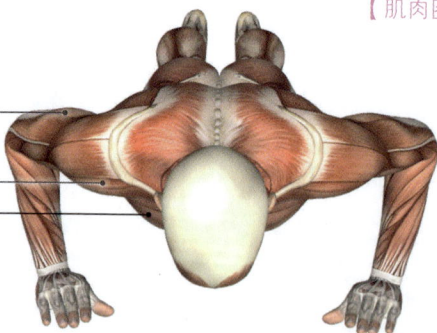

【肌肉图展示】

肱三头肌

三角肌
胸大肌

03 手臂、胸肌与肩部肌肉同时用力，带动身体向上移动。

04 手臂从弯曲到伸直。完成动作时要注意速度不要太快。

04

双臂哑铃扩胸

胸、肩、手臂

STEP ▶▶▶
01

STEP ▶▶▶
02

手臂
打开

训练难度 ★★★　　　**训练方法** 4 组，每组 30 次

训练要点
双臂与肩部齐平,核心收紧。

间歇时间
30 秒

动作步骤

01 直立姿,双脚略分开,双手竖向紧握哑铃,上举至脸部前方,双铃靠在一起。

02 面部向前,保持手臂稍稍弯曲,持双铃向两侧打开。

双手紧握
哑铃，拳
心朝前

STEP ▶▶▶ 03

STEP ▶▶▶ 04

小提示

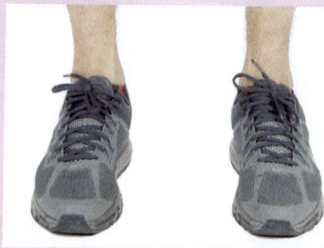

初学者容易出现的小错误：双脚间的距离大于肩宽，做动作时膝关节与肘关节有不必要的弯曲。

呼气，慢慢收
至胸前。

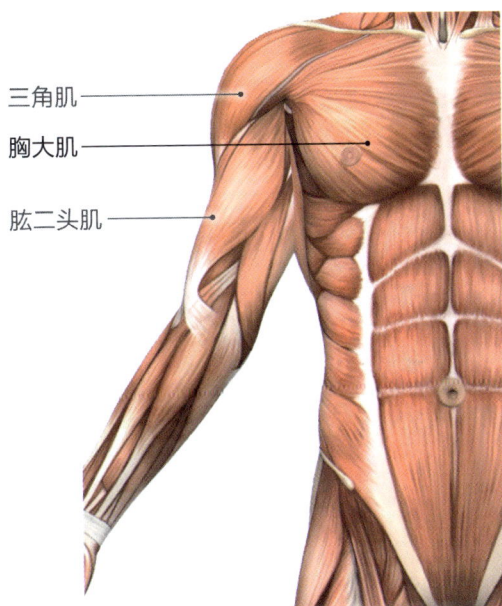

【肌肉图展示】

三角肌 ———

胸大肌 ———

肱二头肌 ———

03 将双臂继续向两侧张开，双手紧握哑铃且高于肩部。双手向两侧达到最大限度后，
准备回收手臂，身体保持直立。

04 双臂开始慢慢向中间移动，拳心相对，上臂与肩膀同高。

05 双臂向内侧继续移动，在胸前中央位置靠拢。这组动作能有效锻炼胸部和肩部肌
群，但做的时候一定要缓慢进行。

第四章
教你如何锻炼肩肌

本章的动作主要针对肩部肌肉，同时也兼顾手臂、背部与腿部的肌肉。锻炼方法主要是通过能增加负重的哑铃、杠铃片等负重器械和健身垫、健身带等无负重的健身工具进行肌肉训练。

有关肩肌训练的知识

「肩肌的组成」

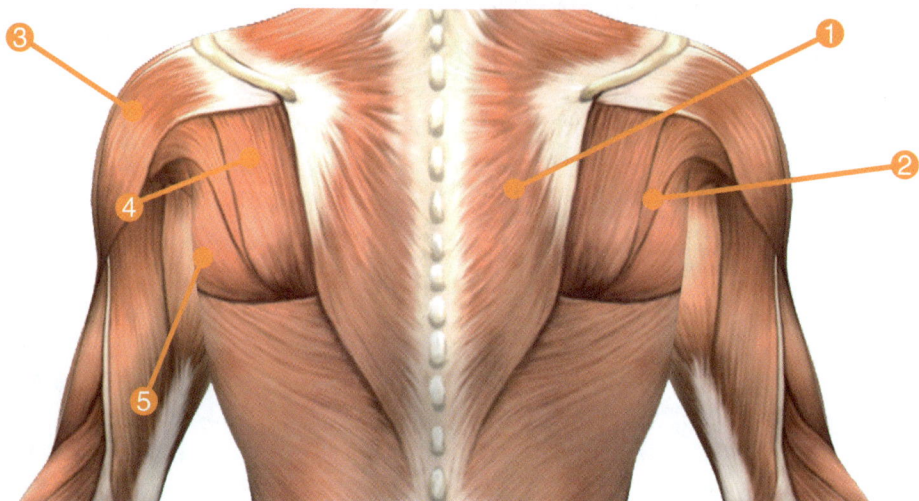

① 斜方肌, 位于上背及中背的浅层肌肉。

② 小圆肌, 位于冈下肌的下方, 冈下窝内, 肩关节的后面。其作用是与冈下肌协同使上臂外旋并内收。

③ 三角肌, 呈三角形, 分前束、中束和后束三部分。练好三角肌, 可以增加肩部宽度。

④ 冈下肌, 该肌肉的一部分被三角肌和斜方肌覆盖。从冈下窝到肱骨大结节的中部都属于该肌肉。

⑤ 大圆肌, 位于小圆肌的下侧, 主要作用是使上臂内旋、内收和后伸。

「训练注意事项」

① 严格按照动作标准进行训练，否则容易造成肌肉损伤。

② 对肩部肌肉进行锻炼的同时，也要兼顾背部的斜方肌，只有这些肌肉都锻炼到了，才能塑造理想的体形。

③ 在利用健身球进行训练时，坐姿要端正，保持头部与背部挺直。

④ 如果遇到站姿向上翻举哑铃的动作，不能只用肩部与双臂的力量，腰部和双腿也要同时发力，辅助进行动作。

⑤ 训练间歇最好不要超过 3 分钟。

⑥ 不同的肩部动作，要根据实际情况用不同重量的哑铃来完成，动作与负重相适应。

⑦ 把握好运动量以及负重量，尤其是哑铃训练。如果在动作结束后，手臂或腿部肌肉出现抖动，则说明负重量及动作强度都非常大，这样的动作要控制在 2 组之内。

「训练肩肌时会遇到的问题」

Q:

我有肩肌劳损，还能训练肩部肌肉吗?

A:

首先要确认肩部的损伤位置，所做动作尽量避免该位置的肌肉过度参与。在动作重复次数上要有所限制，重复 12~15 次比较合适。

Q:

在练推举动作时，肩膀发出声响是怎么回事?

A:

这说明动作的负重太大，超出肌肉和关节的承受能力。此时一定要调整到合适的负重进行锻炼。

01

双臂屈肘哑铃侧举

肩、胸、手臂

STEP ▶▶▶
01

打开

STEP ⏷
02

STEP ▶▶▶
03

训练难度 ★★★　　**训练方法** 4组，每组8~12次

训练要点
身体挺直，双臂打开。

间歇时间
60秒

动作步骤

01 直立姿，双脚分开与肩宽，双手紧握哑铃，双臂向两侧打开至手臂与身体为60度。

02 手臂回收至腹部前方，双铃相对。

03 双臂继续回收，使手臂置于大腿前。

手臂打开。

与肩同高

手臂向上举起。

04	双臂弯曲,前臂向上抬起至胸前。
05	手臂向两侧、向上打开,身体继续保持直立姿势。
06	双臂继续上举,直至举到与肩部齐平。
07	肩部三角肌发力,将双臂向上举起,双手紧握哑铃高于肩部,稍停顿。

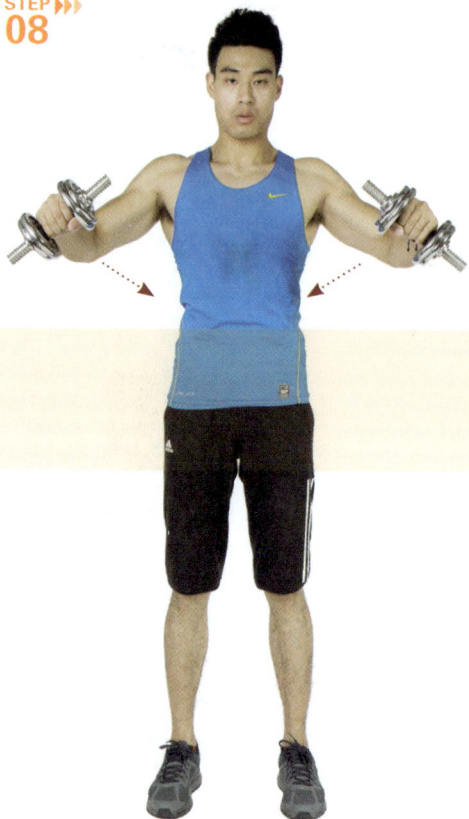

【肌肉图展示】

三角肌 ——

胸大肌 ——

肱二头肌 ——

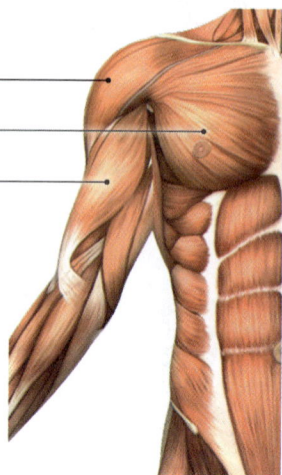

STEP ▶▶▶
09

双手紧握哑铃，
拳心相对

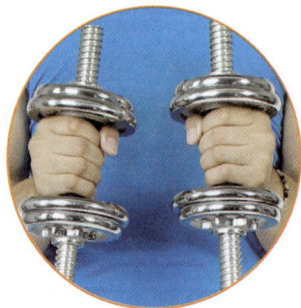

08 停顿几秒后，双手紧握哑铃，双臂屈肘，向下落臂，三角肌控制手臂放下幅度。注意呼吸的节奏。

09 在收回时可以看到手臂隆起的肌肉，还原到双臂屈肘收至胸前的姿态。放下的过程中，注意速度不要太快。

弹力带前举

肩、胸、手臂

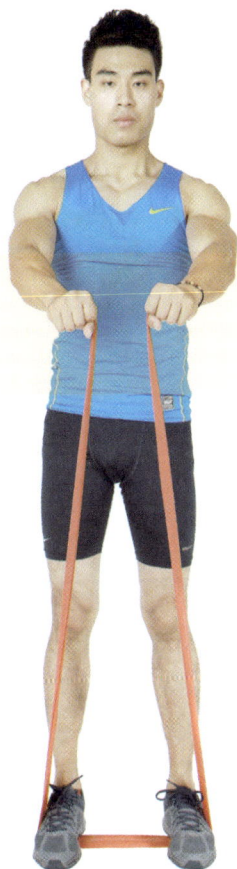

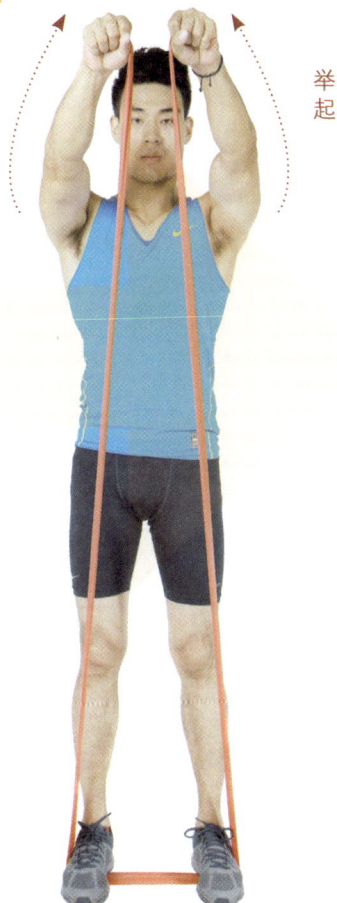

举起

训练难度 ★★★　　**训练方法** 4 组，每组 15~20 次

训练要点
手臂上举，核心收紧。

间歇时间
40 秒

动作步骤

01 直立姿，双脚分开与肩同宽，用脚掌踩实弹力带，双臂前举，双手紧握弹力带的两端。

02 用肩部三角肌的力量带动双臂从体前向上举起。

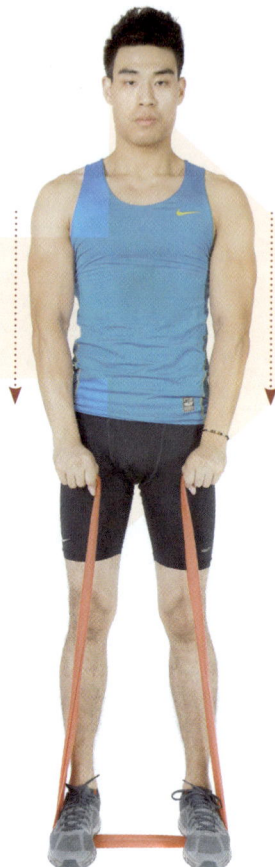

双臂举起至与肩平行。

03 在举至最高处后，双臂下落，双手紧握弹力带，手臂慢慢放下至与肩平行，稍稍停顿几秒。

04 控制肌肉力量，使双臂逐渐继续向下并置于大腿前侧，动作结束。

【肌肉图展示】

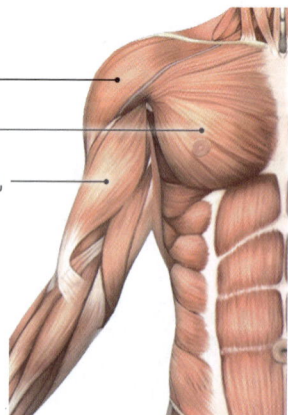

三角肌
胸大肌
肱二头肌

03

杠铃前举

肩、胸、手臂

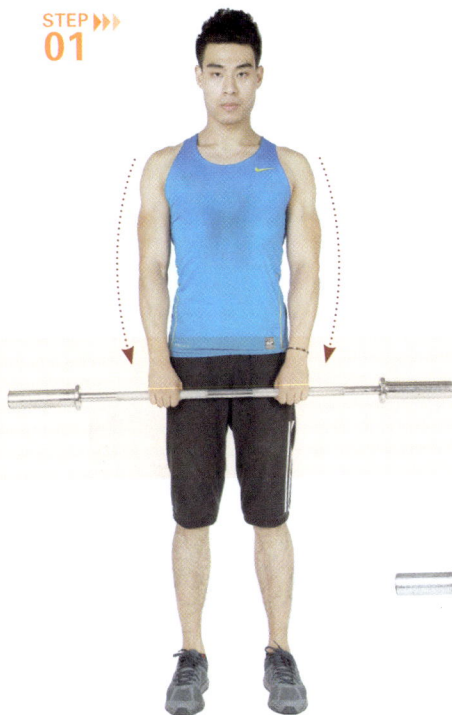

STEP 01

STEP 02

举起

双手握拳，
拳心朝下

训练难度 ★★★　　**训练方法** 4 组，每组 8~12 次

训练要点
手腕处保持伸直。

间歇时间
60 秒

动作步骤

01 直立姿，双脚分开与肩同宽，双手在体前紧握杠铃。

02 双臂微屈，双手紧握杠铃，从体前向上举至腹部位置。

举至最高处

【肌肉图展示】

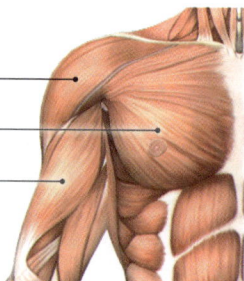

三角肌

胸大肌

肱二头肌

03 双臂紧握杠铃举至最高处，注意保持平衡。

04 腰部挺直，双臂逐渐向下移动。

05 双臂下落至大腿前侧，回到初始姿势。

弹力带前拉肩

肩、胸、背、手臂

向外拉伸弹力带。

训练难度 ★★★　　**训练方法** 4组，每组8~12次

训练要点
肩部放松，避免上耸。

间歇时间
60秒

动作步骤

01 直立姿，双脚略分开，双手紧握弹力带的两端，向上举过头顶。

02 双臂下移至头部位置，将弹力带同时向两侧拉伸。

拳心朝外。

【肌肉图展示】

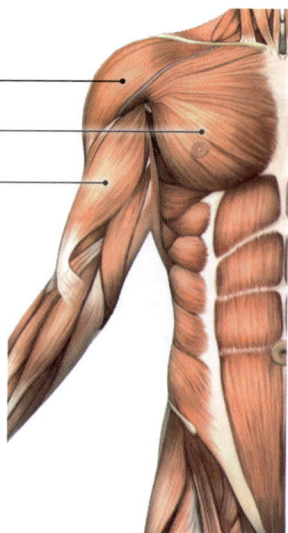

三角肌

胸大肌

肱二头肌

03 双手紧握弹力带两端，双手向下移动至与肩同高，使弹力带贴于颈部，拉弹力带的幅度越大，肌肉的用力感觉越明显。

04 双臂向上移动使弹力带至面部中心位置，双手保持弹力带拉伸的长度，稍稍停顿几秒，然后开始放松手臂。

双手紧握弹力带，
拳心朝外，在头顶
拉伸

双手慢慢放松
弹力带。

05 双手紧握弹力带，向上移动至超过头顶高度，手臂放松，弹力带向内收。注意上移和收缩动作不要太快。

06 双臂继续上举，直至手臂变直，同时双手向内收缩弹力带。调整呼吸，利用三角肌前束来控制弹力带。

05

杠铃片前举

肩、胸、手臂

训练难度 ★★★   **训练方法** 4 组，每组 8~12 次

训练要点
手臂上举，身体笔直。

间歇时间
60 秒

动作步骤

01 直立姿，双脚分开与肩同宽，双手在体前紧握杠铃片。

02 肩部肌肉收缩用力，将杠铃片上举至肩部高度。

03 三角肌发力，带动前臂继续向上举起，并使杠铃片置于头部前方。

放下时，注意速度不要太快。

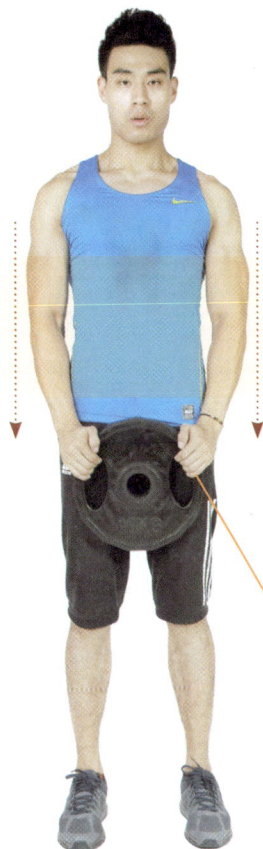

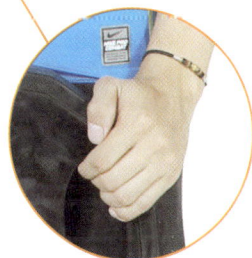

移动过程中，保持双手紧握杠铃片

【肌肉图展示】

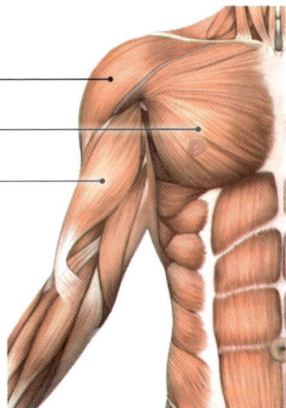

三角肌

胸大肌

肱二头肌

04 双手握住杠铃片，下落至腹部位置。在做此动作的时候，注意利用三角肌控制手臂，从头顶向下运动，身体保持平衡。

05 将杠铃片下落至初始位置，手臂肌肉用力，握住哑铃向下运动至髋部，身体始终保持笔直。

06 双臂哑铃前举

肩、胸、臂

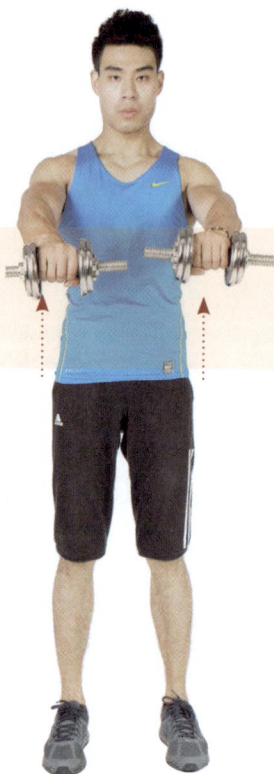

训练难度 ★★★　　**训练方法** 4 组，每组 8~12 次

训练要点
身体挺直，核心收紧。

间歇时间
15 秒

动作步骤

01 直立姿，双脚略分开，两手在身体前方紧握哑铃。

02 双臂向前、向上将哑铃举至胸部高度。手臂保持伸直。

03 三角肌发力，带动前臂继续向上举起，使哑铃置于头部前方。

上举至头顶
处停顿几秒。

【肌肉图展示】

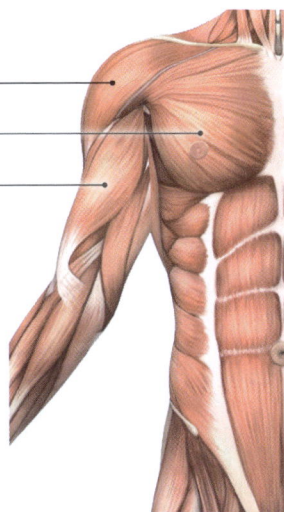

三角肌
胸大肌
肱二头肌

04 双手紧握哑铃,上举至头顶处,稍停顿几秒。

05 三角肌发力,使哑铃从头顶向下运动,将哑铃下落至腹部位置。

06 继续将哑铃向下移动至初始位置。

杠铃体前提拉

肩、背、胸、手臂

手臂提起。

训练难度 ★★★　　**训练方法** 4 组，每组 8~12 次

训练要点
肩部放松，避免上耸。

间歇时间
60 秒

动作步骤

01 直立姿，双腿分开与肩同宽。双手在身前紧握杠铃，拳眼相对。

02 双臂同时弯曲，将杠铃上提至腰部位置。

肘部上提。

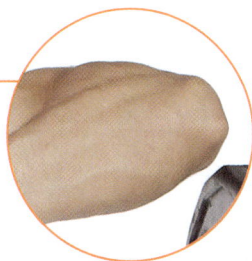

上臂与前臂夹紧

03	将杠铃继续上提至颈部高度，前臂与耳侧齐平。
04	双臂肘部同时向左右侧上方抬起，充分上提杠铃。
05	双臂肘部收回的同时下落杠铃，肘部与肩同高，杠铃置于胸前。

双手拳心朝内握紧杠铃，慢慢下落

【肌肉图展示】

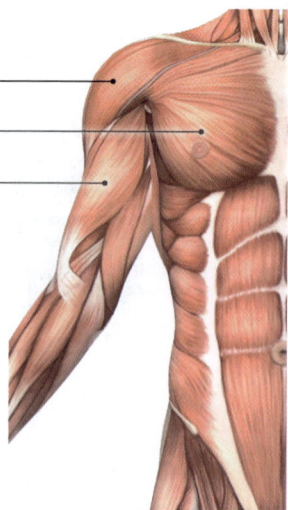

三角肌

胸大肌

肱二头肌

06 手臂继续向下,将杠铃移至髋部,
肘部弯曲,身体始终保持直立。

07 逐渐将杠铃向下移动,直至手臂
伸直。运动过程中要保持正确的
呼吸节奏。

弹力带双臂侧举

肩、胸、手臂

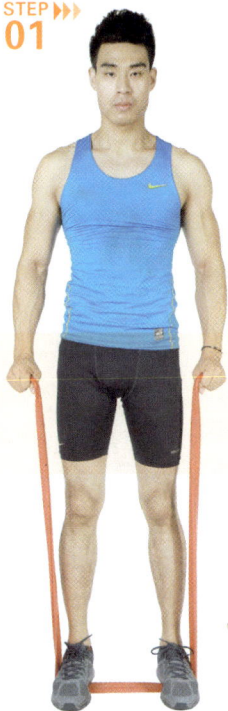

STEP ▶▶▶ 01

STEP ▶▶▶ 02

STEP ▶▶▶ 03

训练难度 ★★★　　**训练方法** 4 组，每组 8~12 次

训练要点
双臂伸直，肩部放松。

间歇时间
60 秒

动作步骤

01 直立姿，双脚分开与肩同宽，用脚掌踩实弹力带，双手紧握弹力带的两端。

02 双臂在身体两侧保持伸直状态，同时向两侧发力，将弹力带向上拉伸。双眼目视前方。

03 继续将弹力带向上拉伸，注意呼吸的调整。

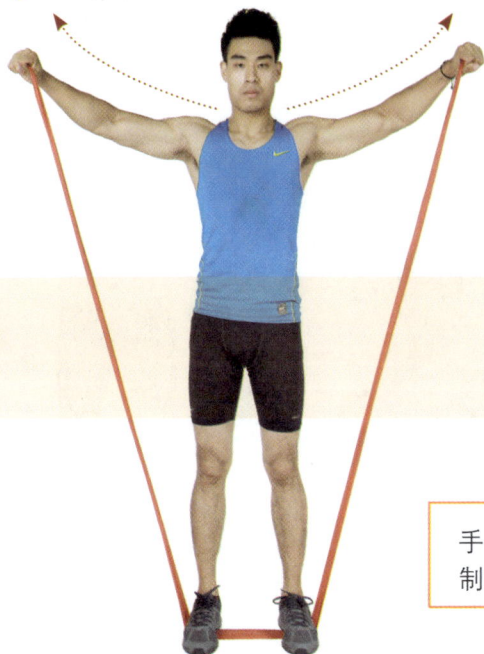

手臂有控
制地放下。

【肌肉图展示】

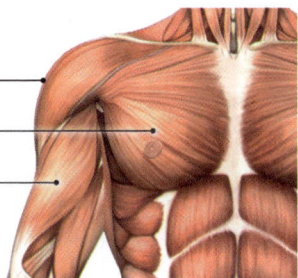

三角肌

胸大肌

肱二头肌

04 双臂继续将弹力带向上拉，至最大限度。

05 双手握住弹力带向下移动至身体两侧。

06 将弹力带收回置于体前，注意收回动作要
有控制。

双臂哑铃侧平举

肩、胸

训练难度 ★★★　　**训练方法** 4 组，每组 8~12 次

训练要点
手臂略微屈肘。

间歇时间
60 秒

动作步骤

01 直立姿，双脚分开与肩同宽，保持手臂微屈，双手在身体前方紧握哑铃。

02 双臂同时向两侧打开，保持手臂微屈，将哑铃移动至体侧。

03 双臂继续向两侧打开，同时上举哑铃，举的幅度越大，肌肉的用力感觉越明显。

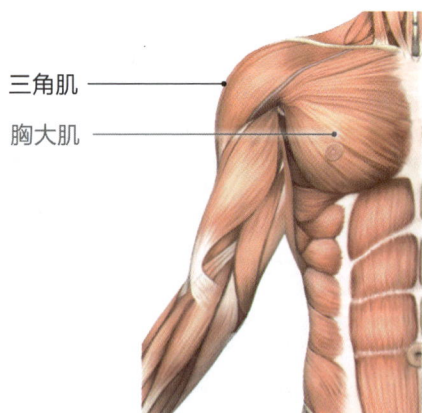

【肌肉图展示】

三角肌

胸大肌

04 双臂尽量上提至不能上提为止，以充分锻炼肩部肌肉。

05 双臂慢慢放下，自然收于体侧。身体保持直立，目视前方。

10

坐姿哑铃推举

肩、背、胸、手臂

手臂上举。

训练难度 ★★★　　　**训练方法** 4 组，每组 8~12 次

训练要点　　　　　　**间歇时间**
上身挺直，核心收紧。　　60 秒

动作步骤

01 坐在健身球上，双脚分开，双手紧握哑铃，自然竖向放置于身前。

02 用力把哑铃从两侧向上抬起，双肘向两侧打开，掌心向前。

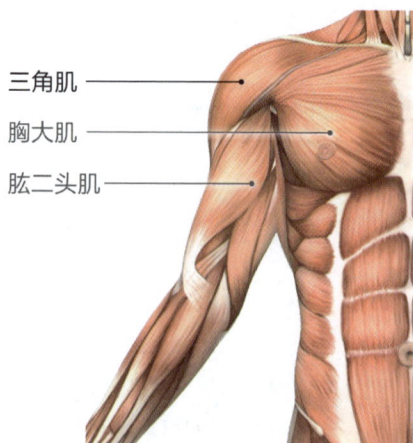

【肌肉图展示】

三角肌

胸大肌

肱二头肌

03 双手紧握哑铃的同时双臂继续上举,举的幅度越大,肌肉的用力感觉越明显。注意手臂上举速度。

04 肩部带动手臂肌肉发力,使手臂呈弧形举过头顶且稍停顿几秒。运动过程中保持平衡。

手臂夹角约为90度，
上臂与地面平行

STEP ▶▶▶
06

05 上举到最高点后，双手紧握哑铃，双臂
开始向下运动，使上臂与地面平行，与
前臂形成一个90度的夹角。

06 手臂缓慢向下运动，上臂低于肩膀且掌
心向前。动作过程中背部始终是笔直
的，调整好呼吸频率会使动作更轻松。

11

球上杠铃颈后推举

肩、胸、手臂

STEP ▶▶▶ 01

STEP ▶▶▶ 02

上臂与前臂夹角成90度

训练难度 ★★★　　　**训练方法** 4 组，每组 12 次

训练要点
上身挺直，核心收紧。

间歇时间
60 秒

动作步骤

01 坐在健身球上，双手紧握杠铃上举，直至手臂伸直。注意双手距离宽于肩部宽度。

02 肱三头肌收缩，控制肌肉力量，使杠铃向下移动至头顶后方。

将杠铃置于颈部后方。

03 继续用力,带动手臂向下移动到颈部,要做到上臂低于肩膀。

04 双臂上举,注意腰部始终保持笔直。

05 双臂发力,上举杠铃,直至手臂伸直。

【肌肉图展示】

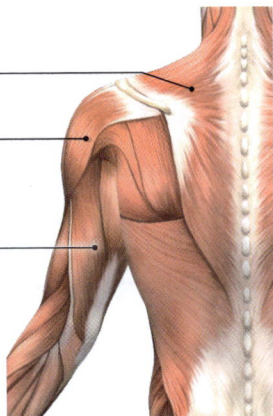

斜方肌

三角肌

肱三头肌

12

双臂哑铃俯身飞鸟

肩、背、手臂

STEP 01

STEP 02

STEP 03

训练难度 ★★★　　**训练方法** 4 组，每组 8~12 次

训练要点
上身挺直，肩部放松。

间歇时间
60 秒

动作步骤

01 直立姿，双脚分开与肩同宽，双手各握一只哑铃，自然垂于体侧。

02 微微向前俯身，臀部后移，肘关节稍稍弯曲。

03 上身继续前倾，双手将哑铃在胸前位置聚拢，双铃相对。

手臂打开。

双手拳心
相对，紧
握哑铃

【肌肉图展示】

斜方肌

三角肌

肱三头肌

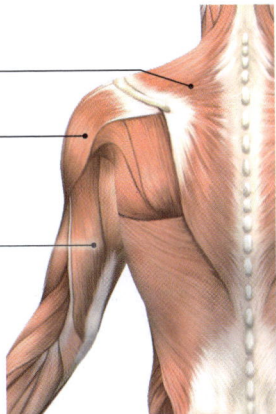

04 双手紧握哑铃，双臂打开向上抬起，上臂与肩膀在一条直线上，手臂达到最高点后稍稍停顿。

05 将哑铃从身体两侧向内回收，让上臂控制前臂，缓慢进行。注意双腿一直处于直立状态。

13

站姿颈后杠铃推举

肩、背、手臂

训练难度 ★★★　　**训练方法** 4组，每组12次

训练要点
背部挺直，核心收紧。

间歇时间
60秒

动作步骤

01 直立姿，双脚分开与肩同宽，上身向前俯下，双手抓握杠铃。

02 将杠铃缓慢提起，腰背和手臂不要弯曲。

03 随着上身逐渐上升，将杠铃提至肩膀处。

04 双手握住杠铃上举，由颈前方移动至颈后方。

05 慢慢举至头顶上方并坚持几秒。

06 将杠铃放回髋关节处。

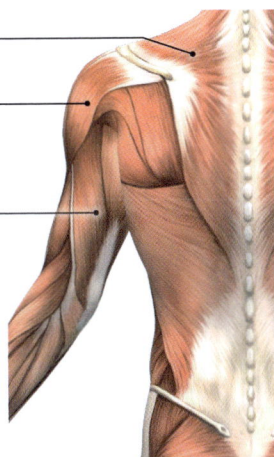

【肌肉图展示】

斜方肌

三角肌

肱三头肌

14 杠铃片耸肩

背、肩

STEP 01

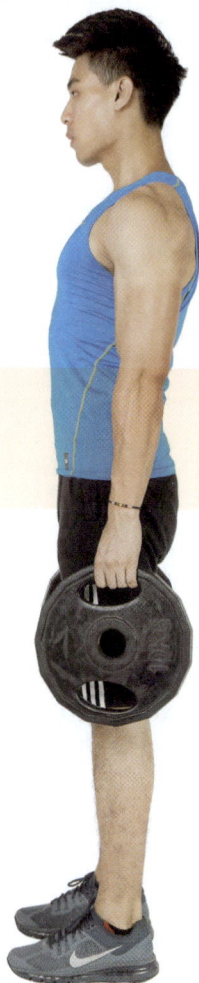

STEP 02

向前耸肩。

训练难度 ★★★　　**训练方法** 4 组，每组 16 次

训练要点
保持身体稳定，核心收紧。

间歇时间
30 秒

动作步骤

01 直立姿，双脚分开与肩同宽，双手各自紧紧抓握一个杠铃片，垂于身体两侧。

02 肩关节向前耸肩。注意肩部肌肉要发力，以避免肌肉损伤。

一定要用肩膀来做此动作。

左手始终紧握杠铃片

【肌肉图展示】

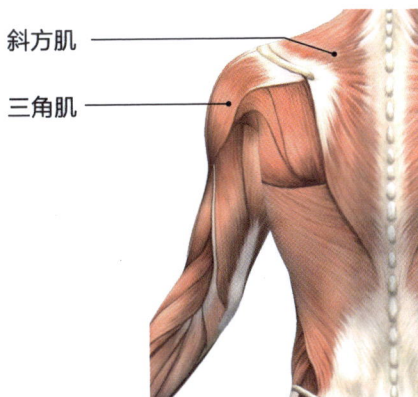

斜方肌

三角肌

03 双手紧握杠铃片且由前向后耸肩。注意在做此动作时一定要笔直站立，不要塌腰、屈膝。

04 还原到初始姿势。如果没有杠铃片，可以用装满水的瓶子代替，同时注意速度要慢。

15 双臂举球深蹲

肩、腹、臀、腿

训练难度 ★★★　　训练方法 4组，每组30次

训练要点
核心收紧，背部挺直。

间歇时间
30秒

动作步骤

01 直立姿，双脚分开与肩同宽，手臂前伸并张开，抱住健身球。

02 股四头肌发力，控制肌肉力量，屈膝、屈髋，下蹲，同时保持上身挺直。

03 继续下蹲到大腿与地面平行，停留几秒。

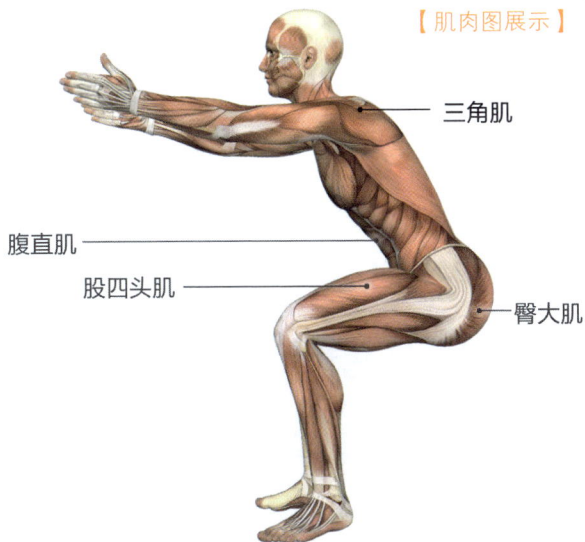

【肌肉图展示】

三角肌

腹直肌

股四头肌

臀大肌

04 双手紧抱健身球，大腿和臀用力，小腿支撑身体向上移动，上移速度不要太快且要注意身体平衡。

05 身体继续上移，直到完全站直。做此动作时，腰部保持挺直，也可以用装满水的瓶子代替健身球。

第五章
教你如何锻炼背肌

　　本章讲解如何锻炼背肌，腰部的肌肉也可以得到锻炼。背部、腰部肌肉的锻炼，主要依赖于负重训练来完成，所用到的工具主要是杠铃。

有关背肌训练的知识

「背肌的组成」

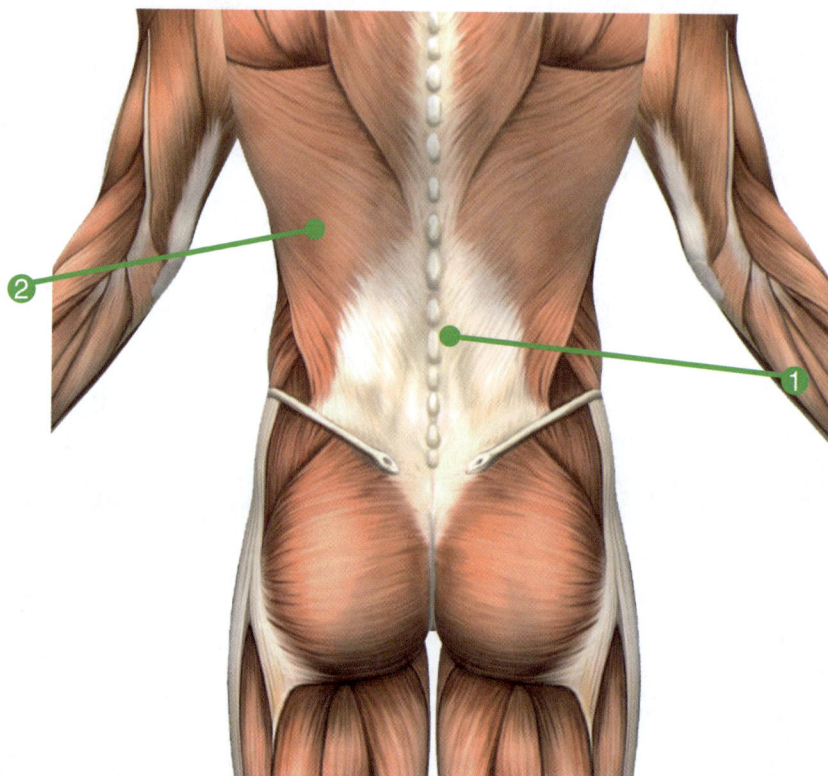

❶ 竖脊肌，属于深层肌肉，沿着脊柱后侧分布，主要起稳定脊柱的作用。

❷ 背阔肌，形状宽大扁平，是扁肌，由胸背神经支配。

「训练注意事项」

❶ 注意锻炼的力度，不要过快过猛。

❷ 如果背部出现疼痛、僵硬等现象，则应暂停背部训练。

❸ 背肌训练应该与身体健康状况相适应，按照由易到难的原则来进行。

❹ 进行背肌训练时要注意时间的安排。运动量与运动时间要适当，并及时补充水分。在进行训练的前 3 小时内，以及训练完成后 1 小时内，不要大量摄入食物，训练前 20 分钟左右可以补充一些水分。

❺ 做动作时，组与组之间间隔 1~2 分钟为宜，动作维持 30 秒左右。

「训练背肌时会遇到的问题」

Q:

对于训练背肌，是深蹲杠铃有效还是引体向上有效？

A:

引体向上训练对背肌的训练更加有效。深蹲杠铃训练主要用来锻炼腿部的股四头肌。

Q:

除了引体向上，还有什么办法可以锻炼背肌？

A:

除了引体向上，俯卧撑也可以锻炼背肌。

01

杠铃硬拉一

背、手臂

STEP ▶▶▶
01

STEP ▶▶▶
02

STEP ▶▶▶
03

训练难度 ★★★　　　**训练方法** 4组，每组8次

训练要点
挺胸收腹，背部挺直。

间歇时间
90秒

动作步骤

01 竖直立姿，双脚分开与肩同宽。两手在身前握好杠铃。

02 向前俯身，双臂随着身体下移使杠铃置于膝关节位置。

03 继续向前俯身，使杠铃置于膝关节下方。注意双臂和双腿始终保持伸直。

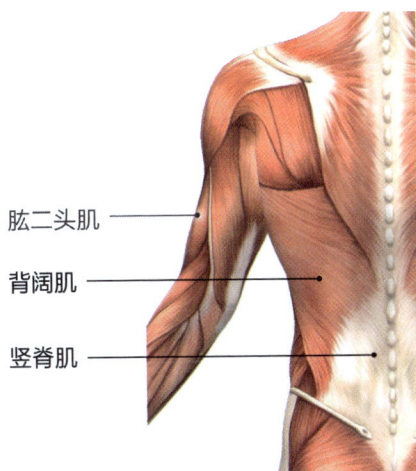

【肌肉图展示】

肱二头肌

背阔肌

竖脊肌

04 开始还原。背部发力，上身上抬，同时将杠铃提至膝关节上方。

05 还原至初始姿势。注意在该动作过程中，双脚脚掌都要踩实。

STEP 04

STEP 05

02

杠铃硬拉2

背、肩、手臂

STEP ▶▶▶ 01

STEP ▶▶▶ 02

STEP ▶▶▶ 03

训练难度 ★★★　　　训练方法 4组，每组8次

训练要点
保持核心收紧。

间歇时间
90秒

动作步骤

01 直立姿，双脚分开与肩同宽，将杠铃放在脚背上方，双手贴在身侧。

02 上身稍稍前倾，背部挺直，双手放在大腿的前侧，双臂保持伸直。

03 在背部保持挺直的前提下，上身向下倾，双手跟随向下。膝关节稍稍弯曲，避免膝关节受到损伤。注意，在上身前倾过程中背部始终保持为一条直线。

后仰

04 双腿膝关节稍稍弯曲，俯身至背部与地面平行，双手距离保持和肩宽相同，紧握杠铃，准备上提。

05 双手紧握杠铃，手臂保持伸直状态，慢慢向上提起杠铃。

06 待完全提起杠铃后，身体稍向后仰，坚持几秒。注意提起杠铃后手臂和大腿是伸直的。

STEP ▶▶▶ 07

放下杠铃。

STEP ▶▶▶ 09

STEP ▶▶▶ 08

手臂伸直

07 双手紧握杠铃,上身前倾。切记背部挺直,并注意调整呼吸。

08 双腿微屈,继续下移杠铃将其置于膝关节位置,使杠铃的位置始终在脚背上方。在下移杠铃时,手臂和腰不要弯曲。

09 双腿微微弯曲,防止损伤。上身继续前倾,将杠铃下移至膝关节下方。

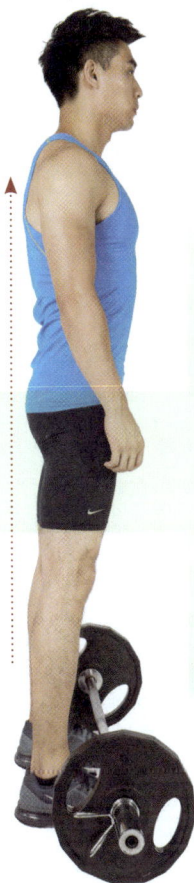

还原到初始姿势。

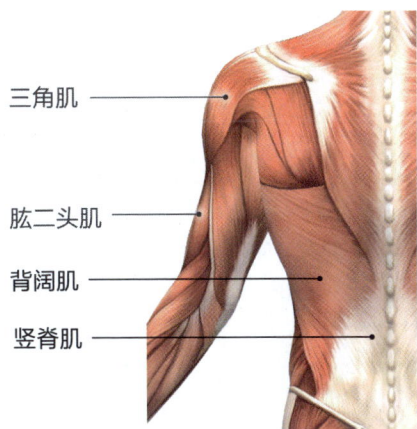

【肌肉图展示】

三角肌

肱二头肌

背阔肌

竖脊肌

10 继续俯身，双手紧握杠铃放到最低点，膝关节随着弯曲。注意手臂始终保持伸直。

11 放下杠铃后，起身站立，还原到初始姿势。在运动过程中，即使需要弯腰，背部也要保持挺直。

第六章
教你如何锻炼手臂肌群

本章主要讲解如何锻炼手臂部分的肌群，主要是通过哑铃、杠铃、凳子、健身球等健身工具进行肌肉训练，从而使上臂更有力量，手臂肌肉更加健硕。

有关手臂肌群训练的知识

训练手臂肌群前你必须知道的

「手臂肌群的组成」

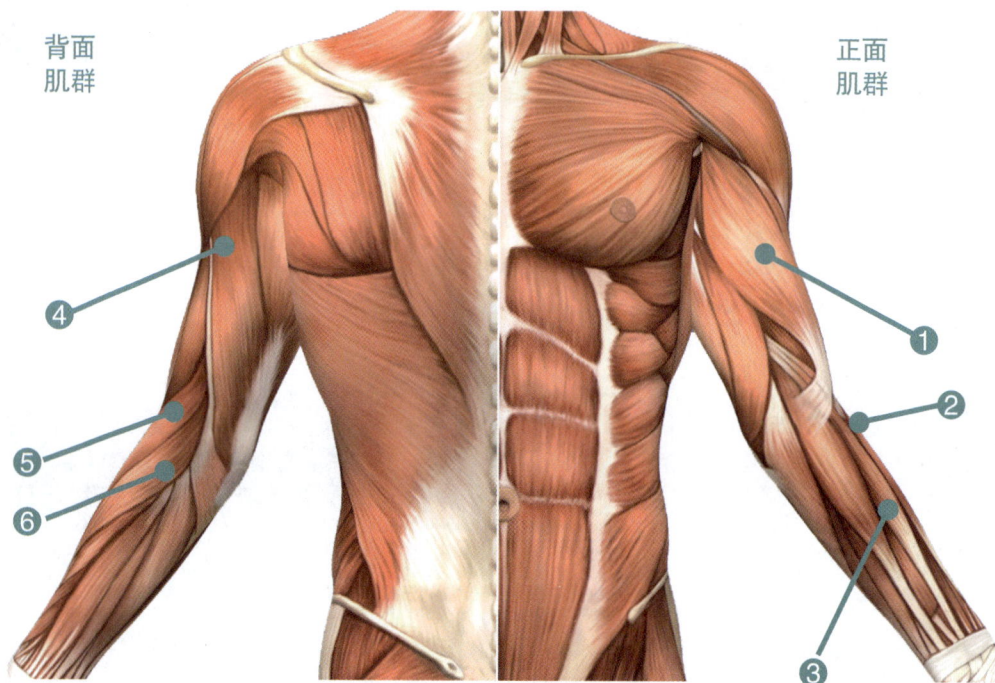

背面
肌群

正面
肌群

① 肱二头肌，位于上臂的前部，上面连着肩胛骨，下面连着桡骨。收缩时，可以使肘关节弯曲。

② 肱桡肌，位于前臂的外侧，是长扁形的肌肉。收缩时，可以使肘关节弯曲。

③ 桡侧腕屈肌，位于前臂前部，其收缩能使腕关节弯曲。

④ 肱三头肌，位于上臂后部，与肱二头肌刚好前后相对。

⑤ 桡侧腕长伸肌，位于前臂后部。收缩时，可以使手腕向后伸、外展。

⑥ 桡侧腕短伸肌，位于桡侧腕长伸肌的下端，与桡侧腕长伸肌一起使手腕向后伸、外展。

「训练注意事项」

1 训练时要进行科学的呼吸，一般在发力时呼气，动作还原的时候吸气。如果动作有短时停顿，此时最好憋气。

2 在训练强度上，要遵循循序渐进的原则，不能着急。

3 进行手臂肌群的训练，为了帮助手臂更好地发力，腰部要一直保持挺直状态。

4 手臂肌群训练也有一定的目的，如提升肌肉力量，以及提升爆发力。后者动作需要快速进行。

5 无论何种力量训练，都具有危险性，尤其是动作不正确的时候，因此最好有专人指导。

「训练手臂肌群时会遇到的问题」

Q:

训练完手臂后，手臂没有力气，怎么办？

A:

训练后手臂没有力气，属于正常现象。如果发生肌肉撕裂、拉伤，要立即停止训练。

Q:

是选择重的哑铃还是轻的哑铃？

A:

在负重选择上，要选择适合自己的重量。如果选择的哑铃太重，会造成肌肉拉伤，反之如果选择的哑铃太轻，又起不到锻炼作用。

01

站姿哑铃颈后屈伸

手臂、肩

STEP ▶▶▶ 01

STEP ▶▶▶ 02

紧握哑铃，手臂向后弯曲。

训练难度 ★★★　　**训练方法** 4 组，每组 8~12 次

训练要点
上臂固定，身体笔直。

间歇时间
60 秒

动作步骤

01 直立姿，双脚略分开，双臂上举，并向后弯曲，肘部向上，双手在脑后位置紧握哑铃的一端。

02 保持上臂固定，同时伸直双臂，上举哑铃。

将哑铃置于头顶上方。

手臂伸直

【肌肉图展示】

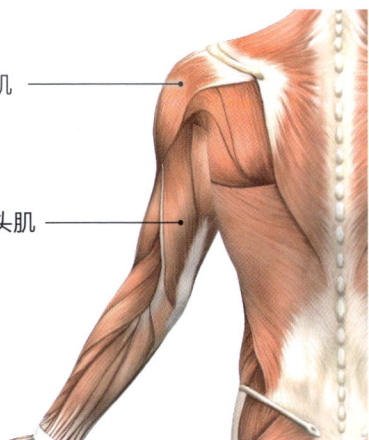

三角肌

肱三头肌

03 手臂继续上举，将哑铃举至头顶处，注意上举的速度不要太快，双眼保持目视前方。

04 将手臂举过头顶，使手臂得到最大限度的伸展，坚持几秒。动作过程中，身体始终保持笔直。

仰卧双臂杠铃屈伸

手臂、肩

STEP ▶▶▶
01

STEP ▶▶▶
02

缓慢放下。

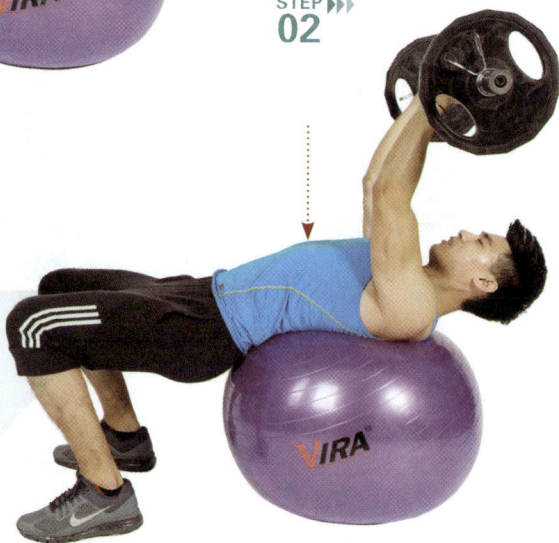

训练难度 ★★★　　　**训练方法** 4 组，每组 8~12 次

训练要点
髋部固定，核心收紧。

间歇时间
60 秒

动作步骤

01 背靠在健身球上呈仰卧姿势，大腿保持水平，双手将杠铃上举，直至手臂伸直。

02 在上一步的基础上停留几秒，双手紧握杠铃，然后慢慢下移。

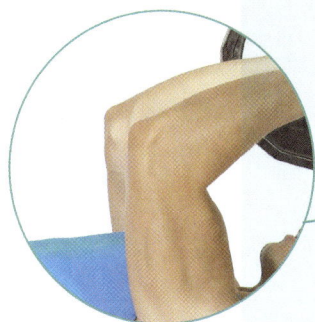

手臂弯曲

03 双臂继续向下移动,注意移动的速度不要太快,保持平稳。继续下移至上臂与前臂成 90 度夹角。

【肌肉图展示】

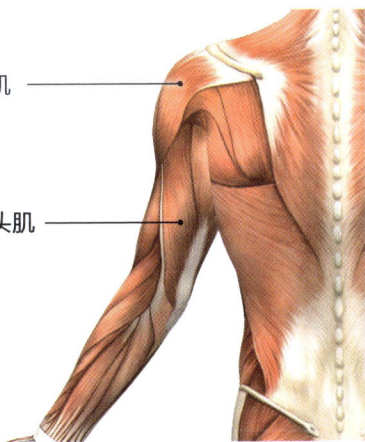

三角肌

肱三头肌

03

双臂支撑

手臂、肩

STEP ▶▶▶
01

STEP ▶▶▶
03

STEP ▶▶▶
02

训练难度 ★★★　　**训练方法** 4 组，每组 12~20 次

训练要点
上身挺直，核心收紧。

间歇时间
60 秒

动作步骤

01 将凳子放在身后，双臂向后按在凳子边缘，手指向前，双腿微屈膝，脚跟着地。

02 控制手臂肌肉力量，身体逐渐垂直下降。

03 身体继续向下移动，主要利用手部支撑身体。

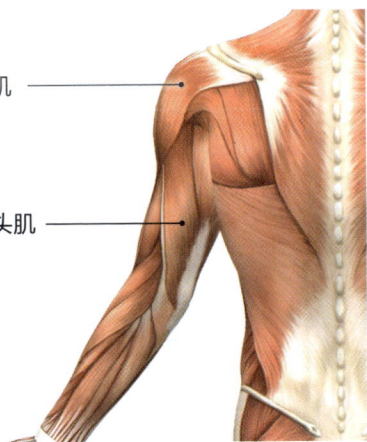

【肌肉图展示】

三角肌

肱三头肌

04 双臂成 90 度夹角, 到达最大限度后, 坚持几秒。

05 身体开始慢慢上移, 肘关节从弯曲到伸直。

06 利用手臂肌肉力量, 恢复至起始姿势。

04

俯身单臂哑铃屈伸

手臂、肩

STEP ▶▶▶
02

STEP ▶▶▶
01

训练难度 ★★★　　　训练方法 4 组，每组 12 次

训练要点　　　　　　　间歇时间
上臂固定，均匀呼吸。　　15 秒

动作步骤

01 右手伸直,右腿屈膝支撑在凳子上,左手屈肘紧握哑铃,肘关节成 90 度角。

02 左手紧握哑铃，保持上臂固定，缓慢伸直左臂，将哑铃向后侧上方举起。

手臂伸直

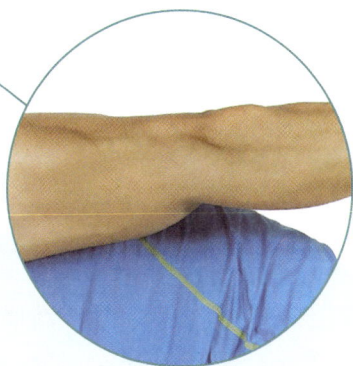

【肌肉图展示】

三角肌

肱三头肌

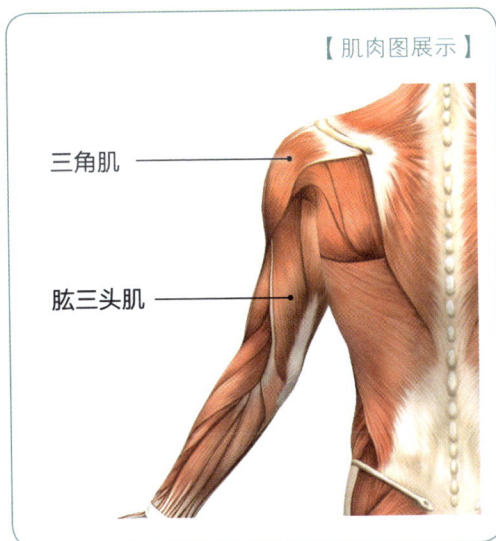

03 左臂继续伸直，直至左臂完全伸直且与肩膀处在同一水平面上时，停顿几秒，充分
刺激肱三头肌。

坐姿哑铃颈后屈伸

手臂、肩

训练难度 ★★★　　**训练方法** 4 组，每组 12 次

训练要点
上身挺直，核心收紧。

间歇时间
60 秒

动作步骤

01 坐在健身球上，双臂上举，并向后弯曲，肘关节向上，双手在脑后位置紧握哑铃的一端。

02 双臂伸肘，慢慢将哑铃由脑后向上举起。

03 继续将手臂上举过头顶，直至手臂成一条线。

背部始终挺直

【肌肉图展示】

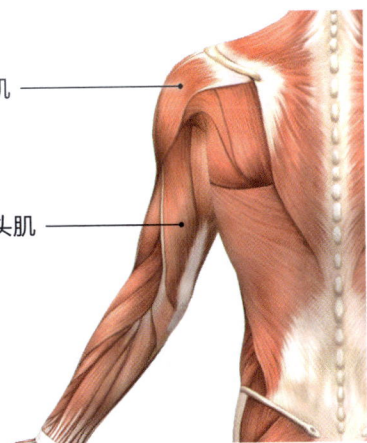

三角肌

肱三头肌

04 双臂屈肘下移，哑铃从脑后开始向下运动。

05 继续将哑铃下移到脑后，还原初始姿势。

双臂哑铃交替弯举

手臂

训练难度 ★★★　　**训练方法** 4 组，每组 8~12 次 / 侧

训练要点
身体挺直，核心收紧。

间歇时间
40 秒

动作步骤

01 直立姿，双脚分开与肩同宽，双手握哑铃，掌心向前，自然放在体前。

02 左手紧握哑铃向上举起到腹部位置。

03 左小臂继续上举，直到举至哑铃与肩部平齐后，停止几秒。

STEP ▶▶▶
04

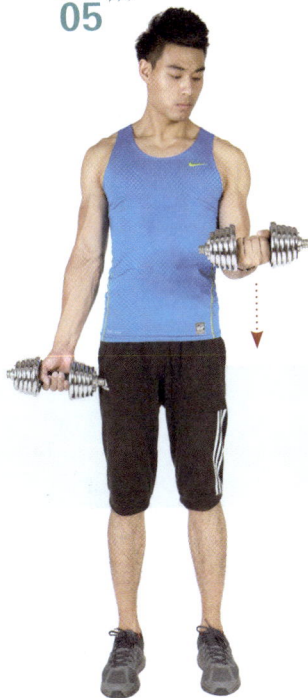

STEP ▶▶▶
05

STEP ▶▶▶
06

右手拳心朝前

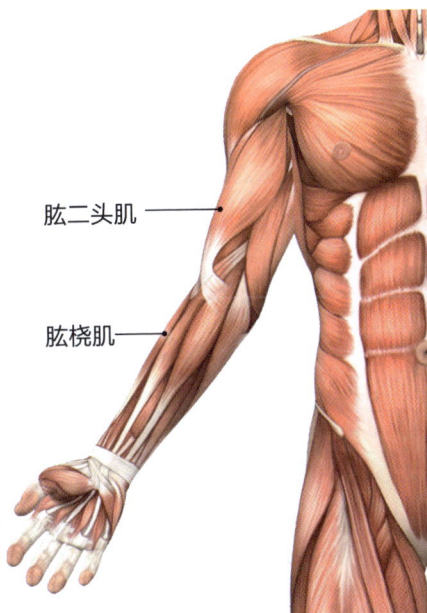

【肌肉图展示】

肱二头肌

肱桡肌

04 左臂开始下落, 注意下落的速度不要太快。

05 继续下落哑铃。

06 回到初始姿势, 另一侧手臂重复以上动作。

07

哑铃单臂弯举

手臂

STEP ▶▶▶ 01

STEP ▶▶▶ 02

STEP ▶▶▶ 03

训练难度 ★★★

训练方法 4组，每组8~12次

训练要点
上臂固定，紧贴身体两侧。

间歇时间
15秒

动作步骤

01 直立姿，双脚分开与肩同宽。右手抓握哑铃，拳心朝前。

02 在上臂肌肉的带动下，前臂上举。

03 继续上举，直到不能继续上举为止，在动作的顶点，稍稍停顿几秒。

STEP ▶▶▶
04

STEP ▶▶▶
05

STEP ▶▶▶
06

注意手臂肌肉
的发力。

向下运动。

04 前臂开始向下缓慢移动，在前臂
与上臂夹角为 90 度的时候稍稍
停顿几秒。

05 右手紧握哑铃继续向下运动，左
手位置依旧不变。

06 右手紧握哑铃回到体侧位置，做
此动作需要缓慢进行。

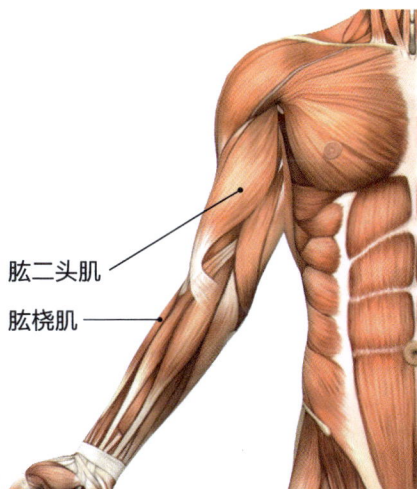

【肌肉图展示】

肱二头肌

肱桡肌

坐姿半俯身拖肘弯举

手臂

STEP ▶▶▶
01

STEP ▶▶▶
03

STEP ▶▶▶
02

训练难度 ★★★　　训练方法 4 组，每组 8~12 次

训练要点　　　　　　　间歇时间
肘关节紧贴腿部内侧。　15 秒

动作步骤

01 双脚分开坐在椅子上，上身稍稍前倾，一只手放在同侧腿部的膝关节上方，另一只手臂向下伸直，紧握哑铃。

02 然后肱二头肌发力，带动小臂上举，直至肘关节夹角为 90 度。

03 继续上举小臂，直到哑铃与同侧肩膀平行，停顿几秒。

缓慢下放。

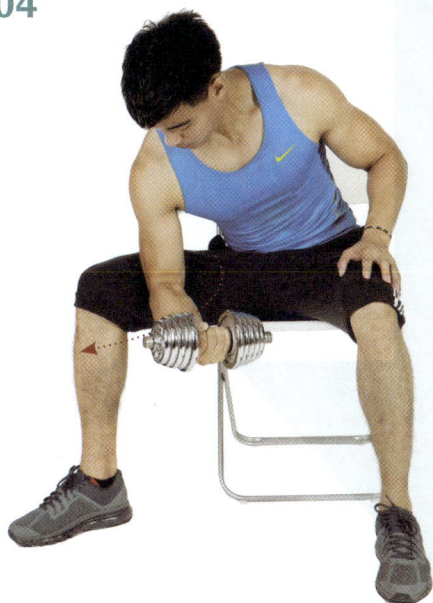

STEP ▶▶▶
05

放下哑铃时手臂
是伸直的。

【肌肉图展示】

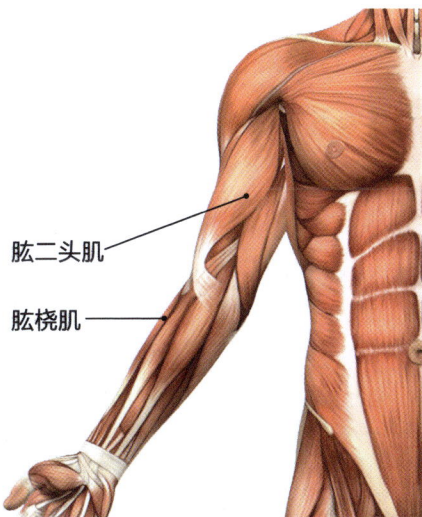

肱二头肌

肱桡肌

04 上举手的前臂开始向下运动。

05 控制肌肉力量, 上举手的前臂继续向下运动, 最终伸直手臂。

09

弹力带双臂弯举

手臂

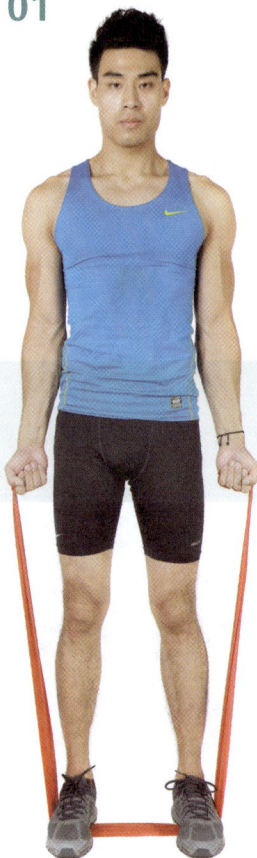  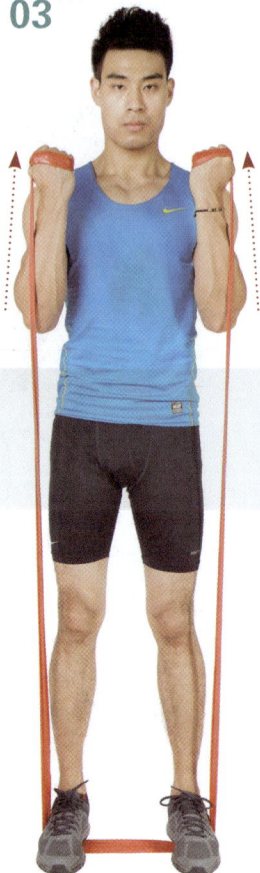

训练难度 ★★★　　**训练方法** 4 组，每组 15~20 次

训练要点
肩部放松，上臂固定。

间歇时间
40 秒

动作步骤

01 直立姿，双脚分开与肩同宽，用脚掌踩实弹力带，双手紧握弹力带，拳心向前。

02 手臂慢慢上举弹力带，肘关节弯曲，手臂发力，将弹力带向上举至胸部高度。

03 继续将弹力带上举至肩部高度，此时拳心向后。

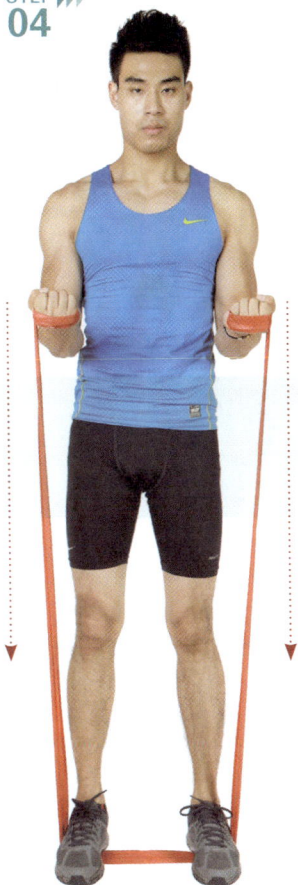

STEP ▶▶▶
04

STEP ▶▶▶
05

双腿分开，始终与肩同宽。

双手紧握弹力带，拳心朝前

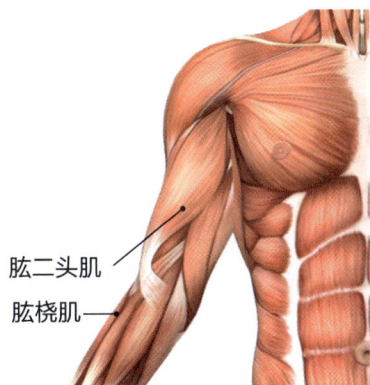

【肌肉图展示】

肱二头肌

肱桡肌

04 控制肌肉力量，缓缓向下放松弹力带。运动过程中双脚始终保持不动。

05 双手紧握弹力带并继续缓慢放松弹力带，不要让弹力带的收缩弹性带动双臂向下移动，以免削弱锻炼效果。

10 俯立宽握双臂杠铃弯举

手臂

呼气，准备上提。

训练难度 ★★★　　**训练方法** 4 组，每组 8~12 次

训练要点
背部挺直，核心收紧。

间歇时间
90 秒

动作步骤

01 直立姿，双脚分开与肩同宽，双臂伸直，两手位于身前，紧握杠铃。

02 上身稍前倾，双腿微微屈膝。双手紧握杠铃，肱二头肌用力弯曲双臂，将杠铃向上举至腹部。

03 肱二头肌继续发力，使前臂上举至与上臂成 90 度夹角，稍微保持几秒。

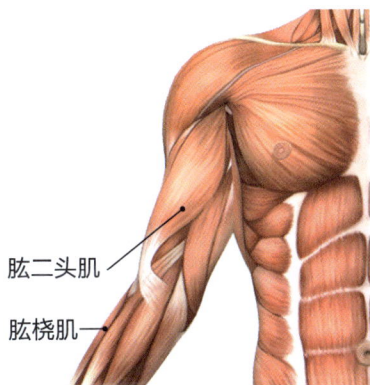

【肌肉图展示】

肱二头肌

肱桡肌

04 开始缓慢放下杠铃,注意调整呼吸节奏。

05 双手有控制地将杠铃下放至大腿前侧,保持身体前倾、臀部后翘的姿势。

11 双臂哑铃锤式弯举

手臂

训练难度 ★★★　　**训练方法** 4 组，每组 8~12 次

训练要点
身体直立，肩部放松。

间歇时间
60 秒

动作步骤

01 直立姿，双脚分开与肩同宽，双手握哑铃，自然放在身体两侧，手臂为伸直状态。

02 上臂发力，带动前臂向身体前方举起哑铃，直至腹部高度。

03 持续上举至胸部高度，并停留几秒。

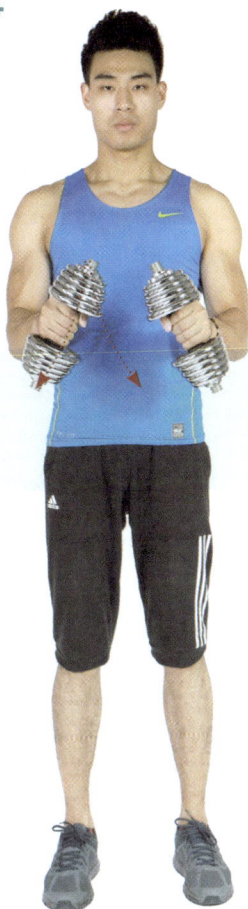

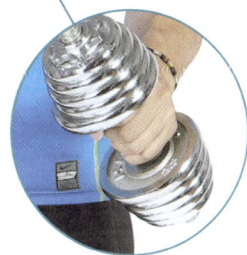

双手拳心朝内，
紧握哑铃

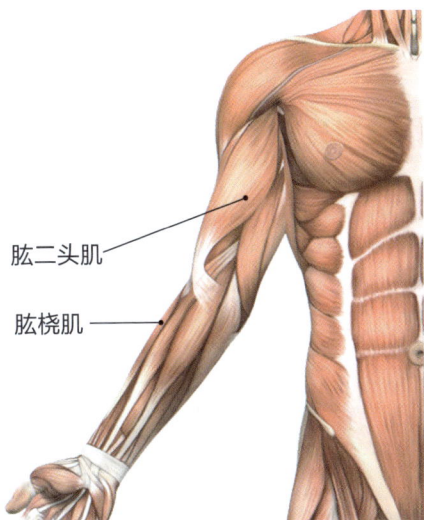

【肌肉图展示】

肱二头肌

肱桡肌

04 双手开始向下放哑铃。注意移动的速度要缓慢。

05 双手紧握哑铃继续向下移动，控制前臂带动哑铃，最后将哑铃放于身体两侧。

12

杠铃反手弯举

手臂

准备提起。

训练难度 ★★★　　训练方法 4组，每组 8~12 次

训练要点
背部挺直，核心收紧。

间歇时间
90 秒

动作步骤

01 直立姿，双脚分开与肩同宽，将杠铃放在脚背上方，双手垂于身侧。

02 上身向下俯，直至上身与地面平行，膝关节微屈，双手紧握杠铃，准备向上提起。

杠铃不要脱手

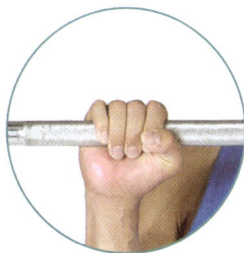

03 双手握杠铃, 双臂保持伸直状态, 随着上身逐渐上移, 将杠铃提至膝关节位置。

04 继续向上至身体直立, 将杠铃提至大腿前方。

05 双臂肘关节弯曲, 将杠铃缓慢举起, 直到胸部前方位置, 拳心朝前。

STEP ▶▶▶
06

STEP ▶▶▶
07

拳心朝内。

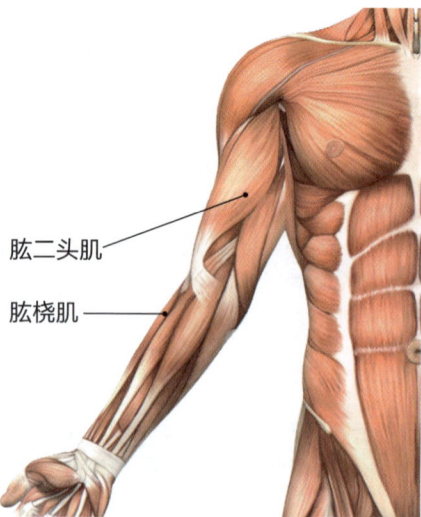

【肌肉图展示】

肱二头肌

肱桡肌

06 将杠铃缓慢落向胸部以下位置。

07 注意向下运动时，拳心向下，还原到初始姿势。

13

杠铃坐姿卷腕（正手）

手臂

手腕向下伸

STEP ▶▶▶
02

才腕向上屈

训练难度 ★★★　　**训练方法** 4 组，每组力竭即可

训练要点
手臂固定，稳定重心。

间歇时间
60 秒

动作步骤

01 坐在健身球上，双脚分开与肩同宽，手臂弯曲支撑在大腿上，前臂肌肉收缩用力，两手手心向前并紧握杠铃。

02 前臂肌群用力使手腕向上屈至与前臂平行的状态。

手腕向上屈。

STEP ▶▶▶
04

【肌肉图展示】

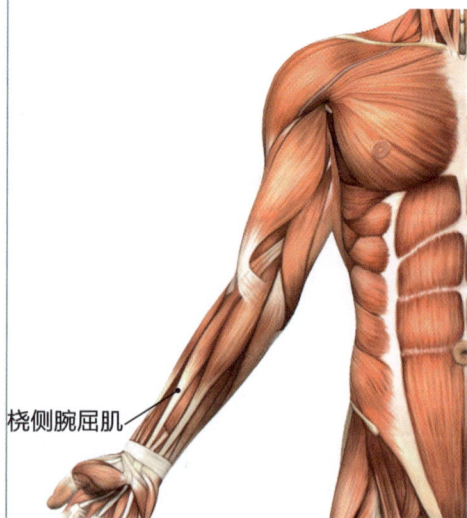

桡侧腕屈肌

03 前臂肌群收缩,使手腕向上,抬起杠铃,手心由向上到略向后。注意身体平衡。

04 有控制地将杠铃放回至起始位置,手心回到向前的姿势。

14

杠铃坐姿卷腕（反手）

手臂

拳心向后

手腕后伸。

训练难度 ★★★　　　**训练方法** 4 组，每组力竭即可

训练要点
手臂固定，稳定重心。

间歇时间
60 秒

动作步骤

01 坐在健身球上，双脚分开与肩同宽，双手紧握杠铃置于膝前，拳心与大腿相对。

02 肘部支撑在大腿上，前臂肌肉收缩用力，带动手腕向后伸。

STEP ▶▶▶
03

STEP ▶▶▶
04

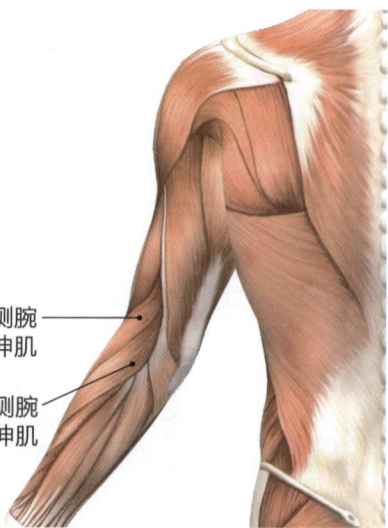

【肌肉图展示】

桡侧腕
长伸肌

桡侧腕
短伸肌

03 前臂前部紧贴于大腿不动，双手紧握杠铃，前臂肌群用力带动杠铃有控制下落。

04 前臂用力，有控制地回到初始姿势。

STEP ▸▸▸ 01

15

坐姿单臂哑铃卷腕（正手）

手臂

STEP ▸▸▸ 02

手握哑铃缓慢屈腕。

屈腕上抬

训练难度 ★★★　　**训练方法** 4组，每组力竭即可

训练要点
保持身体重心稳定，核心收紧。

间歇时间
60秒

动作步骤

01 坐在健身球上，双脚分开大于肩宽，右手掌心朝外紧握哑铃。前臂支撑在右腿上，手腕悬空。

02 右臂肌肉开始发力，缓慢屈腕，上抬哑铃。

前臂始终贴近大腿

03 屈腕到最大限度。

04 有控制地伸展腕部。

STEP ▶▶▶
03

STEP ▶▶▶
04

掌心最好朝外侧。

【肌肉图展示】

桡侧
腕屈肌

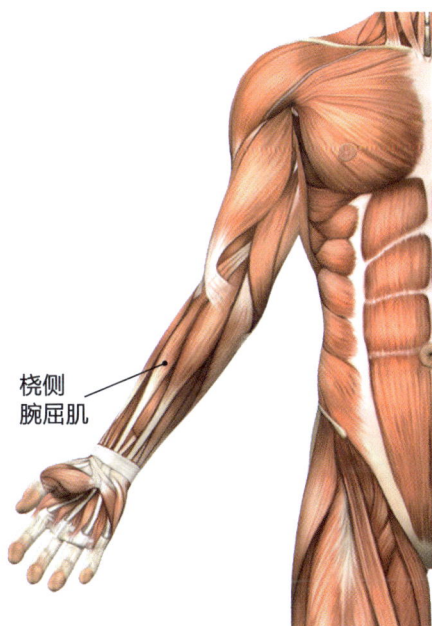

05 继续有控制地伸展腕部，直到最大限度时停止。

16

坐姿单臂哑铃卷腕（反手）

手臂

STEP 01

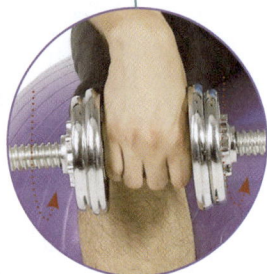

STEP 02

STEP 03

训练难度 ★★★　　训练方法 4 组，每组力竭即可

训练要点
避免身体晃动。

间歇时间
60 秒

动作步骤

01 坐在健身球上，双脚分开大于肩宽，右手掌心朝内紧握哑铃。前臂支撑在右腿上，手腕悬空。

02 右臂肌肉发力，逐渐向上伸腕抬起哑铃。

03 继续向上伸展手腕。

手臂向下运动到
最大限度。

【肌肉图展示】

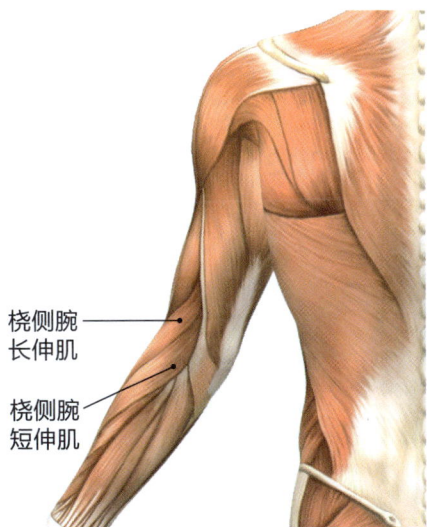

桡侧腕
长伸肌

桡侧腕
短伸肌

04 右手紧握哑铃，前臂肌群用力，继续缓慢向上伸展手腕至最大幅度。

05 缓慢按原路回到起始姿势。注意向下运动的幅度及速度。

STEP ▶▶▶
01

STEP ▶▶▶
03

STEP ▶▶▶
02

训练难度 ★★★　　　训练方法 4 组，每组 12~25 次

训练要点
身体成一条直线。

间歇时间
30 秒

动作步骤

01 呈俯卧撑准备姿势，双手距离小于肩宽。

02 双臂弯曲，降低身体的过程中双臂尽量贴近身体。

03 向下运动到最低高度时，身体紧绷，注意呼吸。

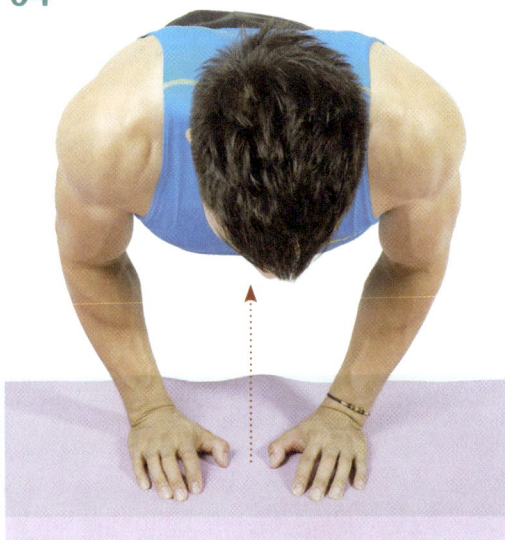

坚持得越久，效果越明显。

【肌肉图展示】

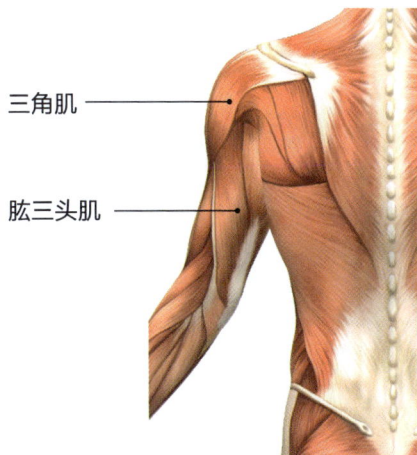

三角肌

肱三头肌

04 肱三头肌用力，带动身体做上升运动。

05 直到双臂完全伸直为止。

第七章
教你如何锻炼腿部与臀部肌肉

本章讲解如何锻炼腿部和臀部的肌肉，用到的工具有弹力带、健身球、哑铃等。通过锻炼，可以使腿部及臀部肌肉变得更强壮，并有利于保护膝关节、踝关节，让自身保持出色的运动状态。

有关腿部与臀部肌肉训练的知识

「腿部与臀部肌肉的组成」

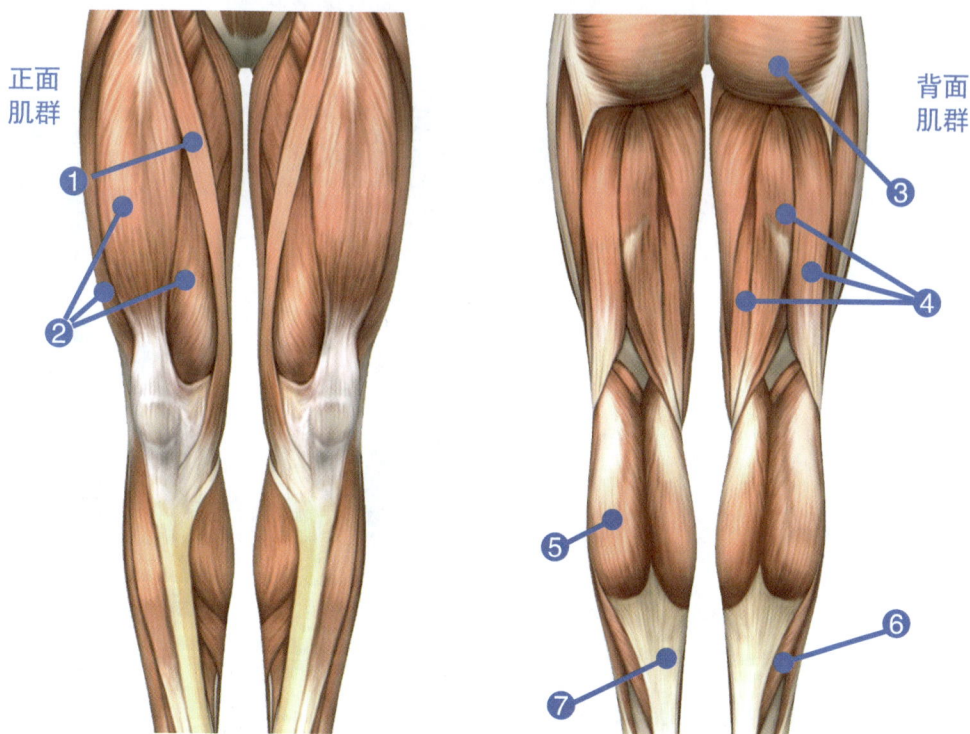

正面
肌群

背面
肌群

① 缝匠肌，位于大腿前内侧的肌肉，为细长的、扁平的条状肌肉。膝关节的运动都会用到缝匠肌。

② 股四头肌，位于大腿的前侧，人体重要肌群之一，腿部主要动作的完成离不开股四头肌，它也是人体的主要支撑肌肉。在塑造腿部肌肉时，其是必须练习的部位。

③ 臀大肌，略呈四边形，大腿无论是向后伸展，还是外旋，都要用到该肌肉。臀大肌由臀下神经支配。

④ 腘绳肌，位于大腿后侧的肌肉，是由股二头肌、半腱肌、半膜肌组成的肌群。

⑤ 腓肠肌，小腿后侧的大块肌肉，属于浅层肌肉。左右两块肌肉在小腿中部结合，在下端形成坚韧的跟腱，连接跟骨，有助于直立行走。

⑥ 比目鱼肌，状如比目鱼，位于腓肠肌的下方，包裹在小腿的后侧上部。

⑦ 趾长屈肌，羽状肌，位于比目鱼肌的下方，可维持足尖站立姿势。

「训练注意事项」

1 为了使锻炼效果更好,在锻炼时,需要集中精力在动作上,感受肌肉的发力。

2 在做深蹲的时候,腿部的安全措施一定要做到位,以膝关节不超过脚尖为宜。

3 在借助器材进行锻炼时,要根据自身的实际情况来选择适合自己的重量,不可太轻或太重。

4 锻炼结束 1 小时后身体才能恢复正常。为了使处于紧张状态的肌肉恢复至原来的形状,在锻炼结束后,要及时做一些针对性的拉伸动作。

5 做腿部训练时,要时刻保持身体重心的稳定,以提升动作质量,防止运动损伤。

「训练腿部与臀部肌肉时会遇到的问题」

Q:

如果腿部有伤,怎么锻炼腿部与臀部肌肉?

A:

腿部有伤的话,不宜做大量运动和大力量的运动,在做下蹲或者其他腿部练习的时候,应以不出现疼痛为前提进行。每天练习 10~30 分钟即可。

Q:

如何有效锻炼臀部?

A:

在锻炼时臀部的主动发力意识很关键,因此,要有意识地调动臀部肌肉的参与。

01

弹力带半蹲起

腿、腹、臀

STEP ▶▶▶ 01

STEP ▶▶▶ 02

STEP ▶▶▶ 03

缓慢下蹲。

屈膝下蹲

训练难度 ★★★　　**训练方法** 4 组，每组 12~15 次

训练要点
上身挺直，核心收紧。

间歇时间
40 秒

动作步骤

01 直立姿，双脚分开与肩宽相同，踩实弹力带，两手紧握弹力带的两端，将弹力带绕过肩部后方，置于肩部前方。

02 上身不动，保持挺胸状态，绷紧整个上身。开始缓慢下蹲。

03 保持抓紧弹力带的状态，双臂紧贴于前胸，继续做下蹲运动。

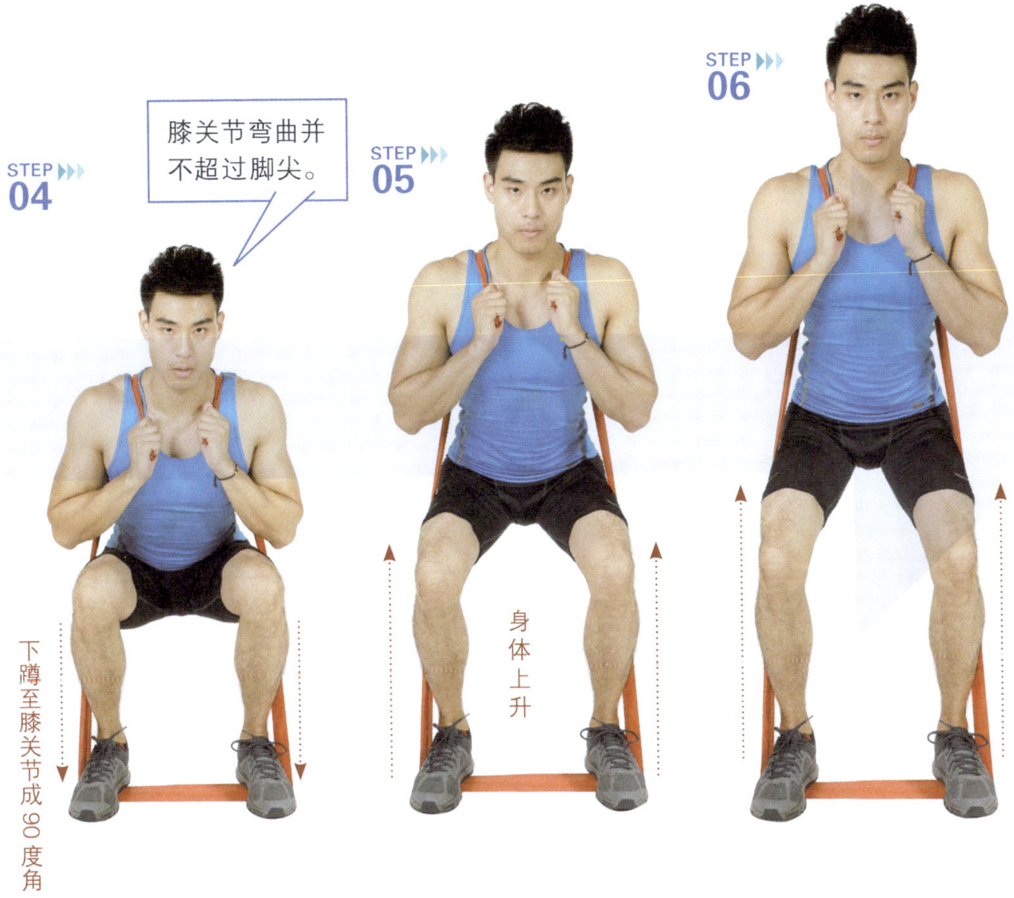
STEP 04
膝关节弯曲并不超过脚尖。
下蹲至膝关节成90度角
STEP 05
身体上升
STEP 06

04 下蹲到最大限度后，保持几秒。

05 双手紧紧抓握弹力带的两端，双腿肌肉发力，推动身体上升，同时注意呼吸频率。

06 双腿用力，身体继续上升。注意身体上升速度不要太快，并且在练习进度上要循序渐进。

STEP **07**

STEP **08**

需要挺直腰背来
完成这一动作。

STEP **09**

【肌肉图展示】

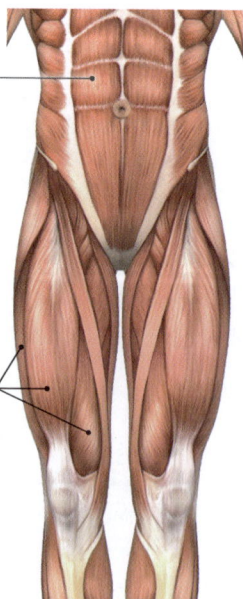

腹直肌

股四头肌

07 身体的重心放在臀部的后方，上身
保持不变。

08 身体继续上升，初学者可能会出现
腿抖的情况，这属于正常现象。

09 保持双手紧握弹力带，身体还原为
直立站姿。

球上单腿蹲

腿、腹、臀

身体前倾。

训练难度 ★★★ **训练方法** 4组，每组8~12次/侧

训练要点
支撑腿保持身体稳定。

间歇时间
30秒

动作步骤

01 身体挺直，双臂屈肘平举，左腿支撑身体，右腿膝关节弯曲，向后放在健身球上。

02 左腿大腿肌肉发力，屈膝，注意控制肌肉力量，带动身体向下运动。

缓慢下蹲。

上升

03 左腿大腿肌肉继续发力，使膝关节弯曲，下移到最低点，带动身体继续下蹲。

04 在移动到最低点停顿几秒后，缓慢站起。

05 左腿发力将身体向上抬起,在做还原动作时,注意核心收紧保持身体稳定,避免摔倒的情况发生。

06 一直上抬至左腿完全直立,回到初始姿势,动作结束。

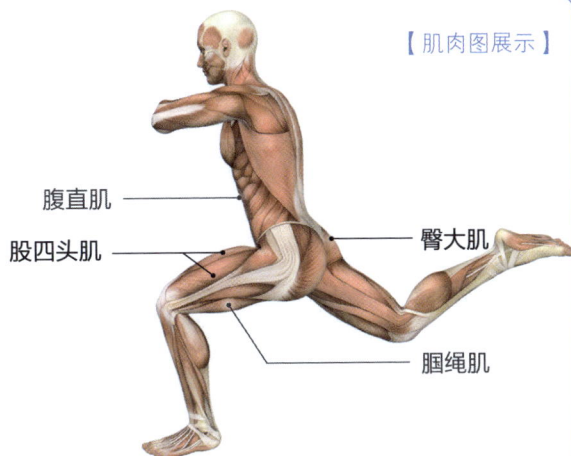

【肌肉图展示】

腹直肌
股四头肌
臀大肌
腘绳肌

哑铃弓箭步

腿、臀、腹

膝关节微屈

训练难度 ★★★　　**训练方法** 4 组，每组 8~12 次

训练要点
上身挺直，核心收紧。

间歇时间
30 秒

动作步骤

01 双腿左前右后站立，上身保持竖直，双手紧握哑铃自然垂直于身体两侧。

02 挺胸收腹，双腿屈膝，右腿膝关节向外，上身前移。

03 双手紧握哑铃，大腿肌肉收缩，控制肌肉力量，促使身体下蹲。

双腿屈膝。

右膝着地

右小腿与右大腿
成 90 度夹角。

04 屈左膝，臀部继续向下，右腿持续下移，直至完全跪在地上。

05 身体缓慢上升，注意上升的动作要缓慢，否则会造成膝关节的损伤。

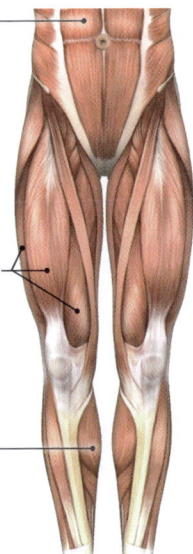

【肌肉图展示】

腹直肌

股四头肌

腓肠肌

挺髋

臀、腿、腹

STEP ▶▶▶
01

STEP ▶▶▶
02

STEP ▶▶▶
03

大腿、腰部和臀部成直线。

训练难度 ★★★　　**训练方法** 4组，每组15~20次

训练要点
双脚固定，避免移动。

间歇时间
30秒

动作步骤

01 仰卧于健身垫上，双臂紧贴垫子，掌心朝下，双腿屈膝，脚掌着垫。

02 大腿肌群、臀部肌群和腰腹肌群同时用力，将臀部撑起，使臀部慢慢离开垫子。

03 臀部、腰腹部肌群继续用力，直至从肩部到膝部处于一条直线上。

> 无论抬起还是下移都要缓慢进行。

【肌肉图展示】

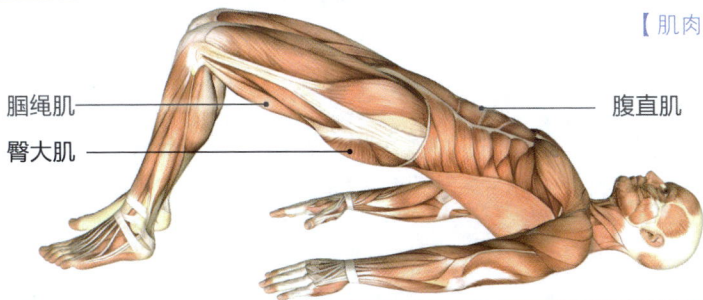

腘绳肌

臀大肌

腹直肌

04 控制腰腹肌群和臀部肌群慢慢放松，使臀部开始向下移动。

05 稍微停顿一会儿，然后继续下放，此时应能感觉到臀部肌肉的发力感。

06 在动作过程中臀部要缓慢下落，体验臀部肌肉的发力。最后，臀部下沉至贴于垫子上，动作结束。

第八章
教你如何锻炼腹肌

本章讲解如何锻炼腹肌，主要通过健身垫、健身球等不增加负重的健身工具进行肌肉训练。

有关腹肌训练的知识

「腹肌的组成」

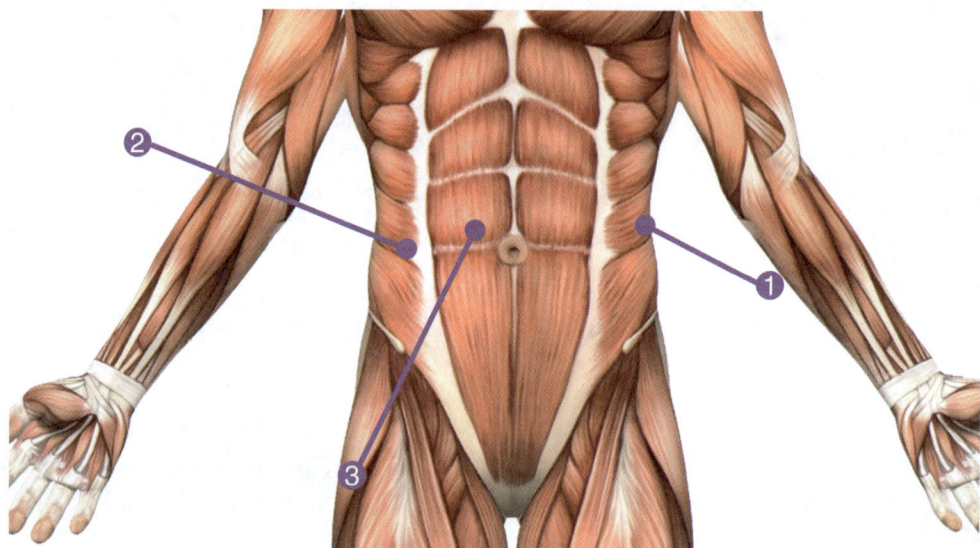

① 腹横肌,位于腹壁的最里层,属于较深层的肌肉,其纤维走向是左右走向。

② 腹斜肌由腹外斜肌、腹内斜肌组成,腹外斜肌位于外层,腹内斜肌位于内层,两者肌肉纤维走向刚好交叉,两者在收缩时,产生不同的功能。

③ 腹直肌,位于腹壁中心位置,从肋骨以下连接至耻骨位置。

「训练注意事项」

① 锻炼腹肌时，尽量避免吃高脂肪、高糖类食物。可以选择吃一些燕麦和红薯，以保持血糖正常水平。

② 腹肌用力，尽量让动作持续时间长一些，以提升训练效果。

③ 可以在进行肌肉训练之余，通过增加有氧运动来提高训练效果，慢跑、游泳等都是不错的选择。每个星期做 3~4 次有氧运动，运动时长最好超过 40 分钟。

④ 在锻炼开始前，先进行热身，而不要急于投入锻炼。肌肉训练中，动作节奏越缓慢，效果就越明显。

⑤ 仰卧起坐是最传统的训练腹肌的运动，也是最方便、随处都可以做的运动。

「训练腹肌时会遇到的问题」

Q: 听说牛奶和鸡蛋对腹肌有好处，什么时候吃合适？

A: 锻炼完后吃比较好。锻炼前最好不要吃东西，特别是较难消化的食物，锻炼后食用，吸收会更好。

Q: 什么时候锻炼腹肌最好？

A: 如果是上班族或是学生，那么最好在每天晚饭后两小时的时候锻炼，此时场地选择比较自由，也不会影响食物的消化。

153

STEP 01

STEP 02

抬起上身

训练难度 ★★★   训练方法 4 组，每组 12~20 次

训练要点	间歇时间
双脚位置保持固定。	30 秒

动作步骤

01 仰卧在健身垫上，双腿屈膝，右脚撑在垫子上，左脚放置于右膝上方，双手抱头。

02 双手抱头向前，抬起上身，头部逐渐向上抬起。

双手抱头。

上身左倾

双手应轻轻置于脑后

03 继续抬起上身,稍稍向左倾斜,双腿始终保持姿势不变。

04 双手抱头最大限度地向左侧上抬身体,充分锻炼腹肌。

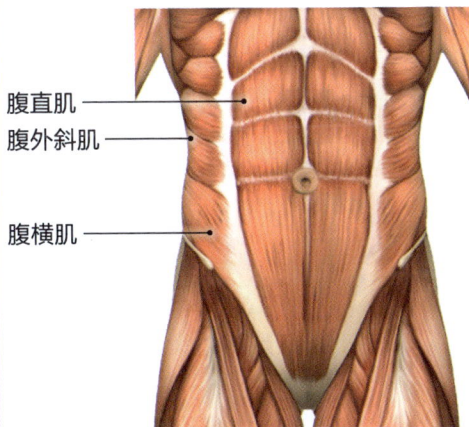

【肌肉图展示】

腹直肌

腹外斜肌

腹横肌

02

卷腹

腹

STEP ▶▶▶
01

STEP ▶▶▶
02

双手前伸

STEP ▶▶▶
05

颈、肩、上背部离开健身垫。

训练难度 ★★★　　训练方法 4 组，每组 12~20 次

训练要点
腹部发力，将上背部抬起。

间歇时间
30 秒

动作步骤

01 仰卧在健身垫上，双腿屈膝，从头部到臀部都处于同一条水平线上。

02 开始呼气，腹肌用力，带动头、肩开始逐渐抬离健身垫。

03 双手置于双膝之上，腹肌发力，抬起上身。这组动作要缓慢借助腹肌力量，而不是利用手臂的力量起身。

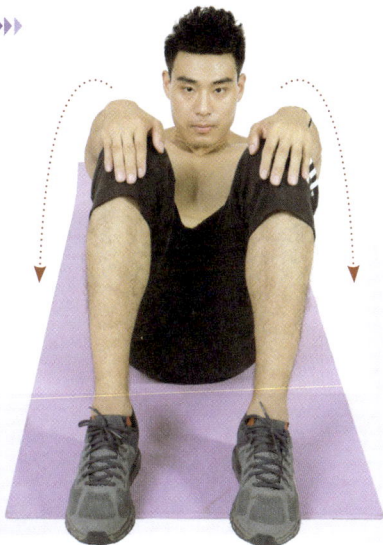

04 继续向前起身，如果不能直接起身，可以用双手握住双腿的膝关节来帮助起身。

05 起身到上背部离垫时，手臂不用力，利用腹部力量保持几秒后，有控制后躺。

06 放松腹肌使上身下躺到健身垫上。缓慢地下躺有助于锻炼腹肌。

【肌肉图展示】

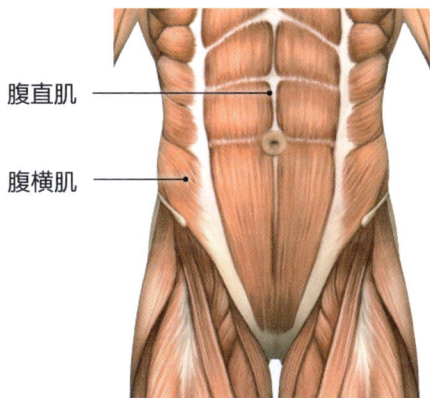

腹直肌

腹横肌

仰卧双举腿一

腹

双腿抬至垂直于健身垫。

头部与背部是一条线

训练难度 ★★★　　训练方法 4 组，每组 12~20 次

训练要点　　　　　　间歇时间
避免下背部抬离地面。　40 秒

动作步骤

01 在健身垫上呈仰卧姿势，双臂自然放于身体两侧，掌心贴垫，双脚并拢，两腿膝关节弯曲，逐渐上抬。

02 吸气，腹部发力，带动双腿慢慢向上抬起，使大腿与小腿成 90 度角。

STEP ▶▶▶ 02

STEP ▶▶▶ 04

抬至最高处

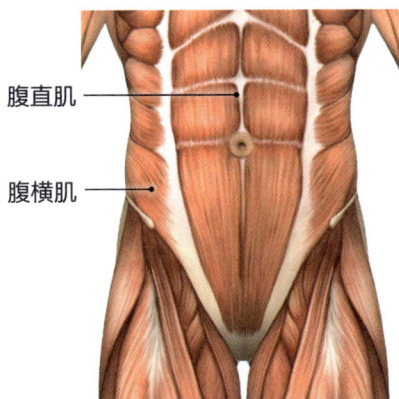

【肌肉图展示】

腹直肌

腹横肌

03 腹部发力继续上抬双腿，使臀部悬空。注意腹部肌群力量与呼吸的配合，上身保持不变。

04 双腿朝上伸展，一直伸到最大限度。这样能更有效地锻炼腹直肌与腹横肌，使其更加紧实。

04 仰卧双举腿2

腹

STEP ▶▶▶
01

STEP ▶▶▶
02

努力做到与腹部没有间隙。

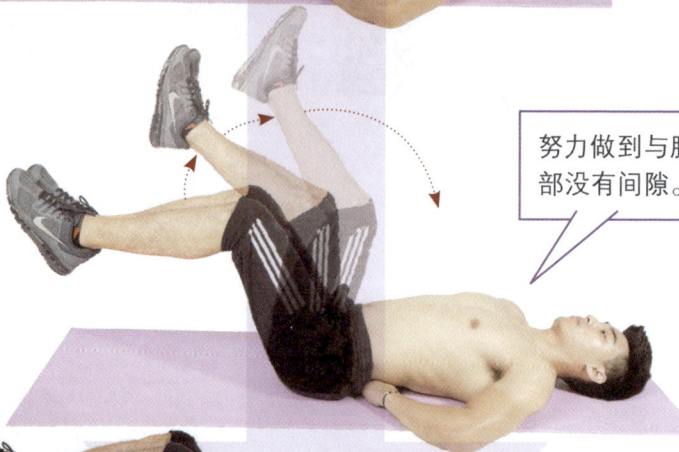

STEP ▶▶▶
03

小腿大致跟地面平行

训练难度 ★★★　训练方法 4组，每组12~20次

训练要点
双腿始终保持悬空。

间歇时间
40秒

动作步骤

01 仰卧在健身垫上，双臂弯曲，双手放置于腰部下方。双腿屈膝，抬离地面。

02 双脚保持脚尖朝上，腹部用力促使大腿与小腿上抬。

03 完全抬起后，稍微保持几秒，然后有控制地将双腿回落至小腿与地面平行。

STEP ▶▶▶ 04

STEP ▶▶▶ 05

抬
高

STEP ▶▶▶ 06

【肌肉图展示】

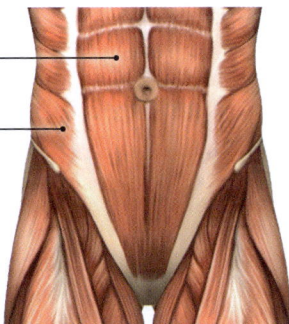

腹直肌

腹横肌

04 双臂屈肘,使上身抬起,双腿随着微下落。

05 双手分别放在同侧髋部附近,腹部发力,带动上身与腿部同时抬起。

06 保持腾空几秒后,双腿向下移动,最后平躺在健身垫上,此动作结束。

05 健身球上屈腿
腹

STEP 01

STEP 02

抬高

大腿、小腿和臂部都用力维持身体平衡。

训练难度 ★★★　　**训练方法** 4组，每组 12~20 次

训练要点
双臂伸直，核心收紧。

间歇时间
30 秒

动作步骤

01 呈俯卧撑姿势，双手贴于地面支撑身体，双腿并拢放置于健身球上。

02 双臂用力支撑身体，双腿膝关节弯曲，小腿和脚紧贴在健身球上。

03 双脚放在健身球上，小腿向臀部方向移动，直到臀部紧贴小腿。

04 坚持几秒后，开始放松肌肉，使小腿远离臀部。

05 直至身体完全伸直，恢复初始姿势。注意脚和小腿始终紧扣在健身球上。

肘关节不能弯曲。

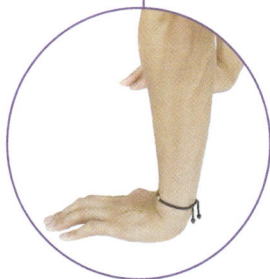

保持双手掌心朝下, 支撑于地面

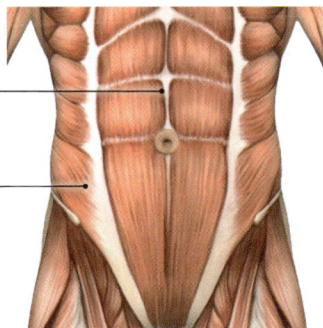

【肌肉图展示】

腹直肌

腹横肌

06

侧挺身

腹

90 度

臀部下移。

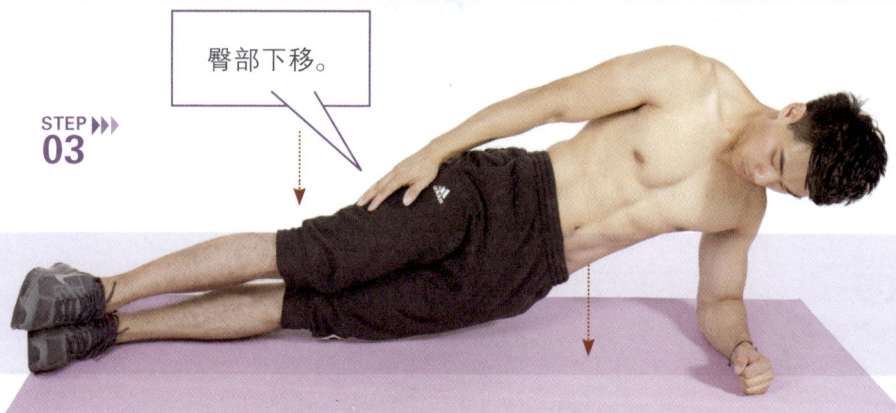

训练难度 ★★★　　　**训练方法** 4 组，每组 12~20 次

训练要点
双腿伸直并拢，核心收紧。

间歇时间
30 秒

动作步骤

01 左臂肘关节弯曲成 90 度角支撑于健身垫上，双腿并拢，右臂搭在右侧大腿上。

02 肘部和脚侧支撑，腹部用力，促使大腿、臀部和腰部向上抬起。

03 在抬到最大限度后，停顿几秒。腹部放松，使腿部、臀部慢慢下移。

04 直到下移至脚侧、腿部和臀部都紧贴在健身垫上，该组动作完成。

双腿并拢。

抬高

【肌肉图展示】

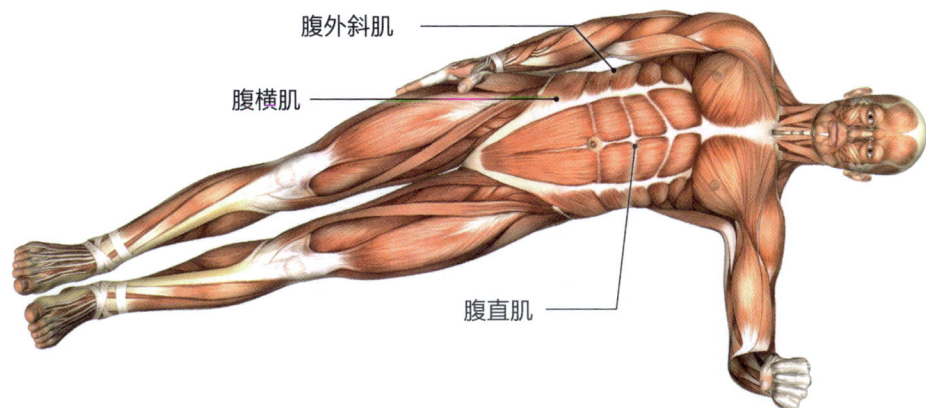

腹外斜肌

腹横肌

腹直肌

07

仰卧单踢腿

腹

STEP ▶▶
01

STEP ▶▶
02

左腿上抬

训练难度 ★★★　　**训练方法** 4 组，每组 12~20 次

训练要点　　　　　　**间歇时间**
核心保持收紧。　　　　无

动作步骤

01 仰卧在健身垫上，双臂贴于体侧，手掌贴地，右脚脚跟着地，左腿抬离地面。

02 腹部肌群用力，按照箭头方向带动左腿上抬。

03 左腿抬到最大限度，膝关节微屈，脚掌朝上，把所有力量集中在腹部。

04 停顿几秒后，右腿始终维持姿势不变，左腿开始朝下方运动。

05 直到左腿恢复为初始姿势，动作结束。这组动作适合不同水平的训练者来练习。

STEP ▶▶▶
03

抬起时，大腿
用力。

STEP ▶▶▶
04

左腿落下

STEP ▶▶▶
05

左脚落到右脚脚尖位
置，不要接触地面

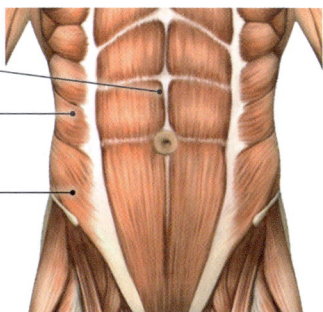

【肌肉图展示】

腹直肌

腹外斜肌

腹横肌

08 侧卷腹
腹

STEP ▶▶▶
01

STEP ▶▶▶
02

上背部抬起

训练难度 ★★★　　　**训练方法** 4 组，每组 12~20 次

训练要点	间歇时间
腹部发力，核心收紧。	30 秒

动作步骤

01 仰卧在健身垫上，双屈膝，双脚距离与肩宽保持一致，双臂贴于体侧。

02 上背部向左抬起，左臂跟着移动，左手触碰左脚。

03 身体开始仰卧到健身垫上，控制腹部肌肉力量，让身体缓慢下放，以获得更好的锻炼效果。

04 将身体还原到初始姿势，还原的同时注意速度不能太快。

手臂准备放到健身垫上。

落
下

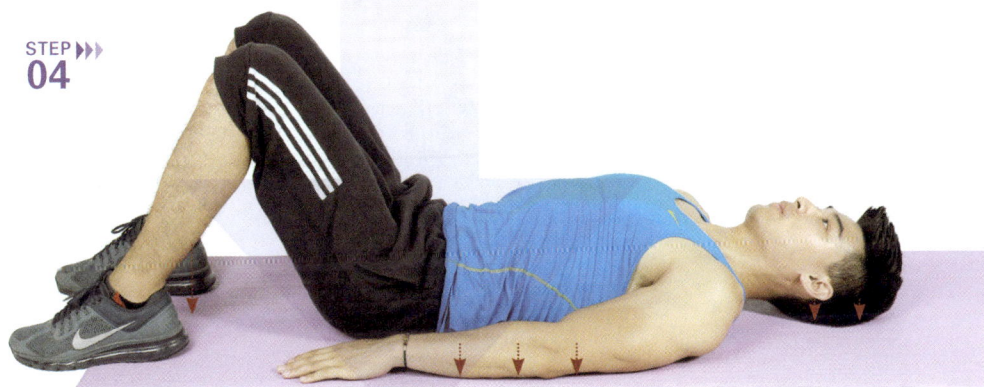

【肌肉图展示】

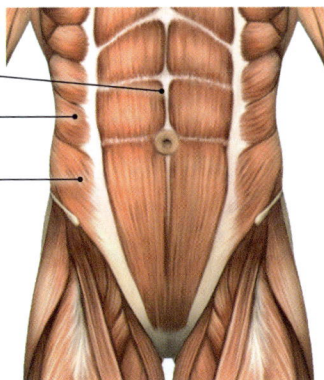

腹直肌

腹外斜肌

腹横肌

09
仰卧自行车
腹

伸直下落

上抬

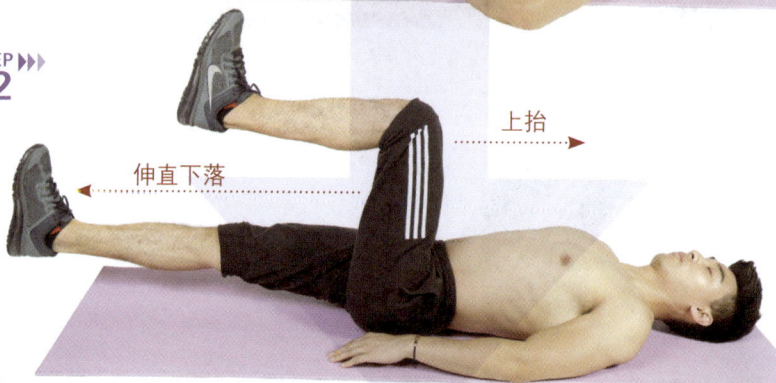

训练难度 ★★★　　**训练方法** 4 组，每组 12~20 次

训练要点
上身固定，腹部发力。

间歇时间
30 秒

动作步骤

01 仰卧在健身垫上，双手放置于腰部下方，腹部用力，保持双腿并拢，将双腿抬离地面。

02 双腿模仿蹬车姿势，一条腿上抬屈膝，另一条腿则伸直下落。

03 双腿进行交换，交替上抬和下落。

04 注意，双腿不是并拢的，而是分开的。如果并拢，在换腿时会踢到。

05 双腿反复交替几次，这组动作结束。在来回蹬腿时，要注意呼吸的配合，有规律地进行蹬腿才有效。

换腿时双腿不
要互相踢到。

换腿

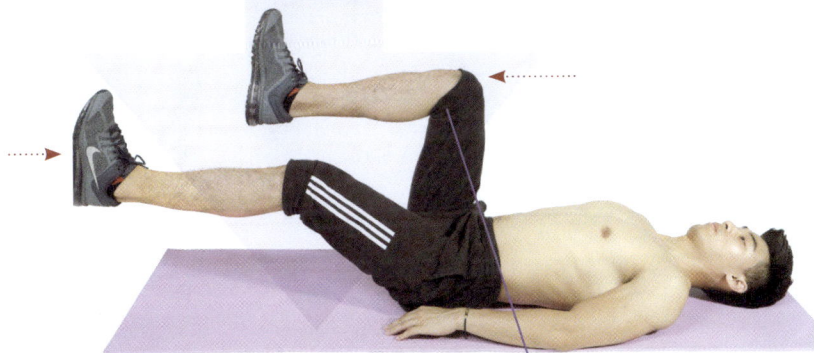

【肌肉图展示】

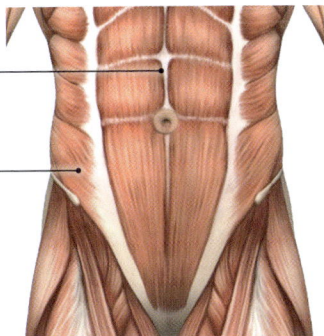

腹直肌

腹横肌

右腿抬起至大腿与
小腿夹角为 90 度

10

杠铃转体

腹、手臂

STEP ▶▶▶
01

STEP ▶▶▶
03

左转

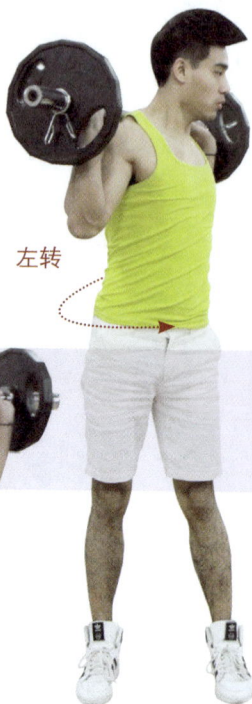

STEP ▶▶▶
02

肘关节弯曲,上臂用力。

训练难度 ★★★　　　**训练方法** 4 组,每组 12~20 次

训练要点
身体挺直,成直线。

间歇时间
30 秒

动作步骤

01 直立姿,双脚分开与肩同宽,双手在肩部后方紧握杠铃。

02 手臂弯曲,同时向左转体,保持稳定。

03 下身不动,腹部左侧的腹外斜肌发力,使上身继续左转。

STEP ▶▶▶
04

右转

STEP ▶▶▶
05

STEP ▶▶▶
06

【肌肉图展示】

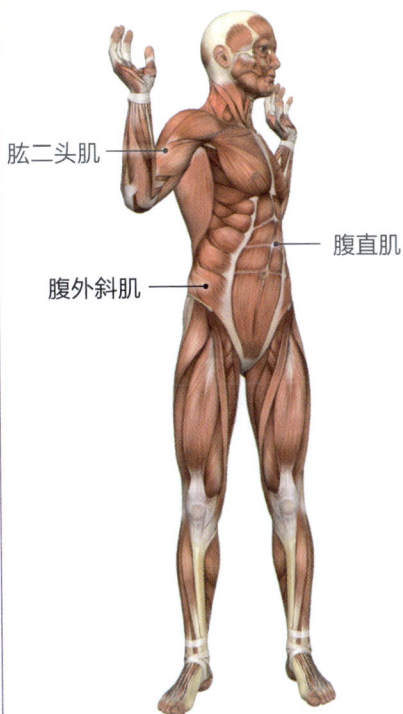

肱二头肌

腹直肌

腹外斜肌

04 下身保持不动，在左转后，开始向右转。

05 利用腹外斜肌的力量，使上身继续向右转。

06 恢复到初始姿势，使腹外斜肌得到锻炼。

11

高屈腿卷腹

腹

STEP ▶▶▶
01

STEP ▶▶▶
02

上背部抬起

STEP ▶▶▶
03

训练难度 ★★★　　**训练方法** 4 组，每组 12~20 次

训练要点	间歇时间
腹部主动发力，避免代偿。	30 秒

动作步骤

01 仰卧在健身垫上，双手握拳，两臂在胸前交叉，屈膝，脚跟放在健身球上。

02 利用腹部肌群的力量，促使上身向上抬起，双臂握拳交叉，努力使肘关节碰到大腿。

03 在上一步动作保持几秒后，腹部肌群放松，身体慢慢向后下落，双脚用力压住健身球保持稳定。

04 让身体平躺于健身垫上，双手置于体侧，双脚夹起健身球，逐渐向上抬起。

上抬

落下

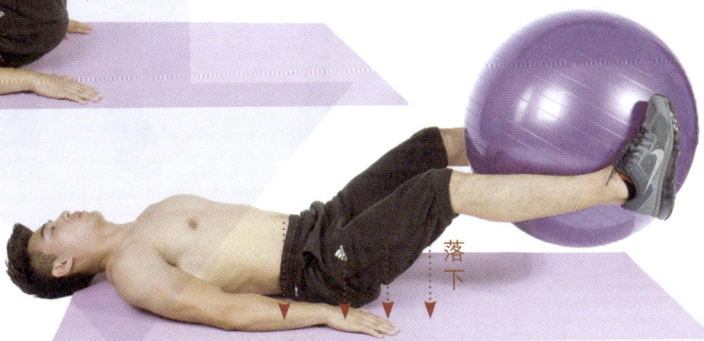

【肌肉图展示】

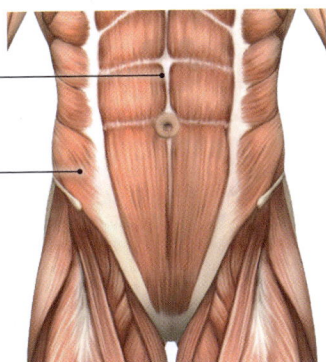

腹直肌

腹横肌

05 利用腹部肌群的力量，带动双腿夹紧健身球向上抬起至双腿垂直于地面。

06 坚持几秒后，双腿继续夹住健身球，准备向下运动至健身垫上。

12 杠铃片负重侧弯

腹

STEP ▶▶▶
01

STEP ▶▶▶
02

向左侧倾

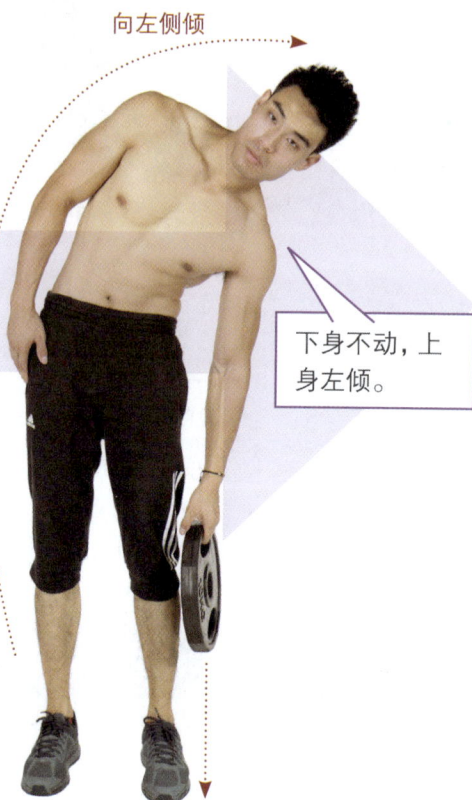

下身不动，上身左倾。

训练难度 ★★★

训练方法 4 组，每组 12~20 次

训练要点	间歇时间
背部挺直，肩部放松。	30 秒

动作步骤

01 直立姿，双脚分开与肩同宽，保持挺胸收腹，右臂自然下垂，左手紧紧抓握杠铃片。

02 上身逐渐向左下弯，下弯至最大限度时停留几秒，然后恢复原站立姿势，接着上身再向右逐渐下弯至最大限度。

【肌肉图展示】

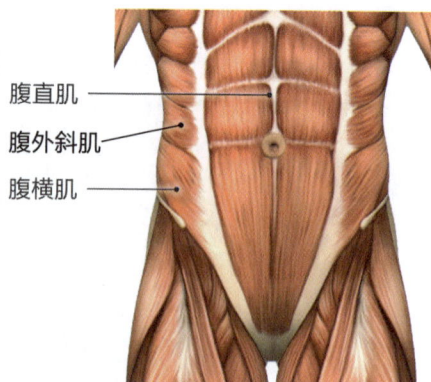

腹直肌
腹外斜肌
腹横肌

13 杠铃片转体

腹

下身保持姿势不变，上身左转。

训练难度 ★★★

训练方法 4组，每组 12~20 次

训练要点	间歇时间
身体挺直，核心收紧。	30 秒

动作步骤

01 直立姿，两脚分开与肩同宽，双手在胸部前方紧握杠铃片。

02 双腿不动，利用腹部的力量使身体左转 90 度。停顿几秒后，缓慢回到直立姿势，然后向右转至 90 度并保持几秒。

【肌肉图展示】

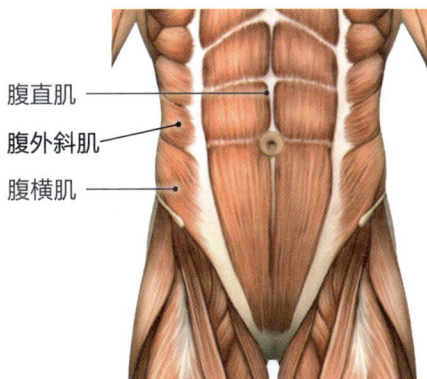

腹直肌
腹外斜肌
腹横肌

第九章
训练后的拉伸运动

训练后进行拉伸运动，不仅可以使训练效果最大化，还能把肌肉僵硬、运动损伤的风险降至最低。

拉伸运动的必要性

「拉伸运动的好处」

在做完运动后,全身的肌肉一般会出现痉挛、僵硬等不适症状。而拉伸运动可以很好地消除肌肉疲劳、改善肌肉僵硬状态。首先,运动后进行拉伸能有效保护韧带和关节,放松紧缩的肌肉,降低肌肉的僵硬度与酸胀感,提升肌肉柔韧性,降低发生运动损伤的概率。其次,拉伸运动可以加快肌肉内乳酸的代谢,使乳酸带来的刺激减少。最后,拉伸运动还可以使肌肉变得更加有型、强壮。

「拉伸时的注意事项」

1 不经常锻炼的人,最好每周拉伸 3 次左右,以保持身体的柔韧性。

2 每次拉伸最好在 30 分钟内完成。

3 对于每天做肌肉训练的人,要在运动后做拉伸,每天拉伸 2~3 次即可。

4 不要过分依赖拉伸运动,否则很容易造成软组织受损。进行用来防止受伤的拉伸运动时,也不可以用力过度,否则会受伤。

5 重复做各组拉伸运动,直到身体感觉轻松、肌肉恢复柔韧性为止。

「拉伸运动的认知评判」

- ✓ 拉伸到身体微微出汗。
- ✗ 没时间做拉伸了，不做也可以。
- ✗ 拉伸时间越长，效果越好。
- ✓ 屈膝的时候，幅度不宜过大，膝关节最好不要超过脚尖。
- ✓ 拉伸的力度是逐渐加大的。
- ✗ 拉伸运动可以在运动前做，也可以在运动后做。
- ✓ 肩部一般要下沉，不要耸肩。
- ✓ 在饮食上要注意，拉伸运动结束后 1 小时内，最好不要食用高糖分的食物，以及大量喝水。
- ✗ 即使有疼痛感，坚持一下就没事了。

「拉伸前我应该了解哪些」

① 在拉伸前的 1 小时内，最好不吃东西，前 30 分钟内，尽量不要喝水。

② 拉伸时，拉伸到自己身体的最大限度即可，切勿逞强。

③ 拉伸时如果出现肌肉痉挛现象，则需要对痉挛部位稍稍进行按摩、揉搓。

④ 拉伸时应使动作维持一定时间，以达到拉伸效果。

01

小腿拉伸一

小腿

STEP 01

弓步张开

右腿尽量伸直。

STEP 02

训练难度 ★★★　　　**训练方法** 4组，每组30次

训练要点
后侧腿部伸直。

间歇时间
15秒

动作步骤

01 身体面向左侧，将要拉伸的右腿向后跨出一大步，双手放在前大腿上，前腿膝关节弯曲，成弓步。

02 双臂按压，左腿继续向前弓，尽量做到大腿与小腿成45度夹角。

03 右腿拉伸完成后，开始对左腿进行拉伸。右脚前迈，成右弓步，双手放在右腿大腿上，依靠右膝的弯曲，开始进行拉伸。

04 充分拉伸左腿至最大限度，停顿几秒后，小腿得到充分拉伸，此动作结束。

STEP 03

右腿膝关节不能超过脚尖。

STEP 04

膝关节位置不超过脚尖

【肌肉图展示】

臀大肌

腘绳肌

腓肠肌

比目鱼肌

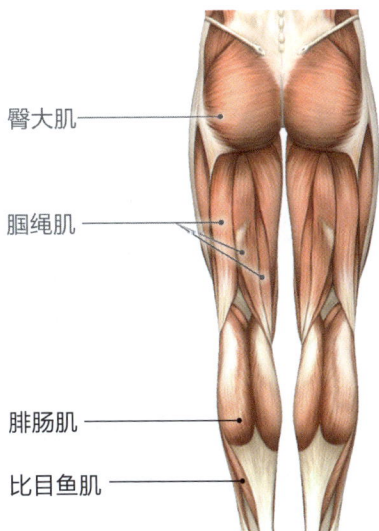

02 小腿拉伸 2
小腿

STEP▶▶▶ 01   STEP▶▶▶ 02   STEP▶▶▶ 03

脚尖向前用力。

训练难度 ★★★

训练方法 4 组，每组 30 次

训练要点	间歇时间
双腿伸直，避免屈膝。	15 秒

动作步骤

01 面向墙壁直立，两手准备扶墙，右脚维持原地站立，左脚尖顶住墙面。

02 身体重心前移，左脚尖顶向墙面。

03 身体前移到最大限度后，保持小腿肌肉的拉伸感，左腿动作完成后，稍稍停顿几秒，然后开始拉伸右腿。

【肌肉图展示】

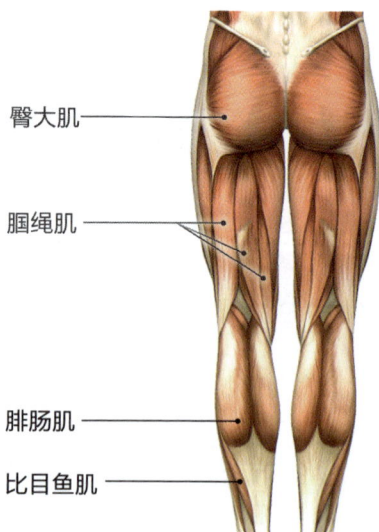

臀大肌

腘绳肌

腓肠肌

比目鱼肌

03

大腿后侧拉伸

大腿

训练难度 ★★★　　　**训练方法** 4 组，每组 30 次

训练要点
膝关节伸直，避免弯曲。

间歇时间
15 秒

动作步骤

01 身体朝向单杠站立，将左腿放在杆上，膝关节伸直，双手扶在左腿上。

02 左手位于左腿脚腕处，右手位于左腿膝关节上方，保持右腿伸直，将上身逐渐向前、向下压。

03 将身体最大限度地下压，使左腿后侧肌肉充分感受到拉伸的力度。

STEP 04

STEP 05

上身前倾

手握脚腕可以帮助下压。

STEP 06

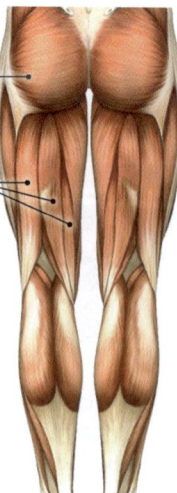

【肌肉图展示】

臀大肌

腘绳肌

04 双腿交换位置，左腿保持伸直，右腿上抬放在杆上，双手扶在右腿上。

05 右手扶在脚腕处，左手位于右腿膝关节上方，然后保持左腿伸直，将上身逐渐向前、向下压。

06 继续将身体最大限度地下压，使右腿后侧肌肉充分感受到拉伸的力度。

大腿前侧拉伸

大腿

大腿与小腿夹紧

【肌肉图展示】

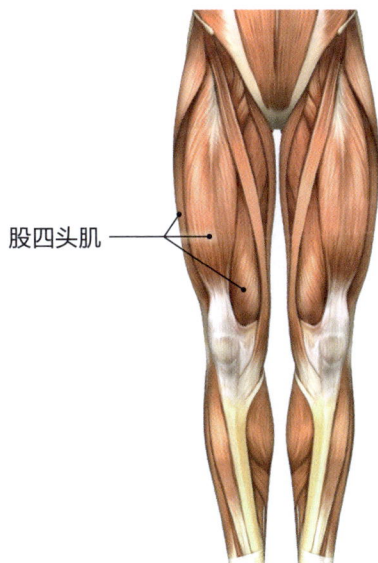

股四头肌

训练难度 ★★★

训练方法 4 组，每组 30 次

训练要点	间歇时间
保持身体稳定，避免晃动。	15 秒

动作步骤

身体站直，左手抓住向后弯曲的左脚，放到杆上，右腿站直。保持屈膝的大腿与地面垂直，将大腿与小腿夹紧，感受大腿前侧的拉伸感。

STEP ▶▶▶
01

STEP ▶▶▶
02

身体前倾是对脚趾压力的释放。

训练难度 ★★★

训练方法 4组，每组30次

训练要点	间歇时间
上身挺直，脚尖撑地。	15秒

动作步骤

01 双膝跪地，脚尖撑地，臀部稳坐于双脚之上，两手扶稳脚跟。

02 身体向后倾，坐在脚跟上时脚尖受力，身体向前倾时脚尖放松。

【肌肉图展示】

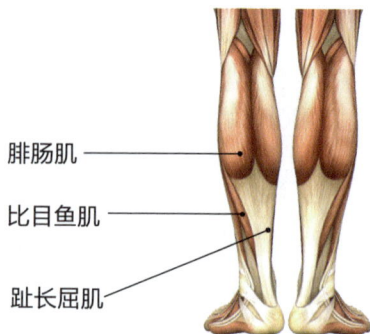

腓肠肌

比目鱼肌

趾长屈肌

06 大腿、小腿后侧拉伸

腿

STEP ▶▶▶ 01

STEP ▶▶▶ 02

拉前脚掌

训练难度 ★★★

训练方法 4 组，每组 30 次

训练要点	间歇时间
拉伸侧腿保持伸直。	15 秒

动作步骤

01 俯身，右腿微屈膝，右手放在膝关节上，左脚向前迈出一步，左手手指勾住左脚前脚掌，脚跟点地。

02 将臀部后移，左手扳住左脚尖，将左脚掌上拉，感受左腿后侧的拉伸。

【肌肉图展示】

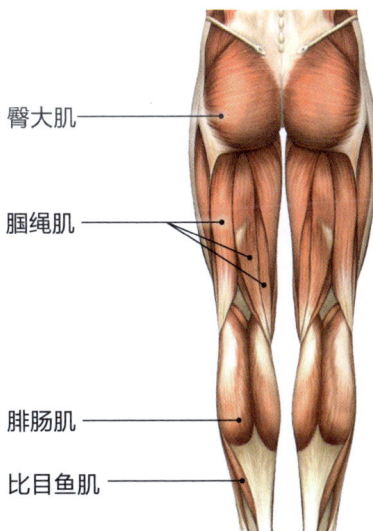

臀大肌

腘绳肌

腓肠肌

比目鱼肌

体侧伸展

腹

身体向左弯曲

训练难度 ★★★   **训练方法** 4 组，每组 30 次

训练要点
核心收紧。

间歇时间
15 秒

动作步骤

01 直立姿，双脚分开与肩同宽，双臂上举，双手十指交叉，将手掌向外翻，双臂向上伸展，掌心朝上。

02 双腿姿势不变，腰部肌肉发力，带动身体开始慢慢向左侧弯曲。

做这个动作的
时候注意速度。

03 在完成左侧弯曲后,恢复至初始姿势,
身体开始做相反方向的侧弯。上身缓
慢向右侧弯曲,注意呼吸的频率。

【肌肉图展示】

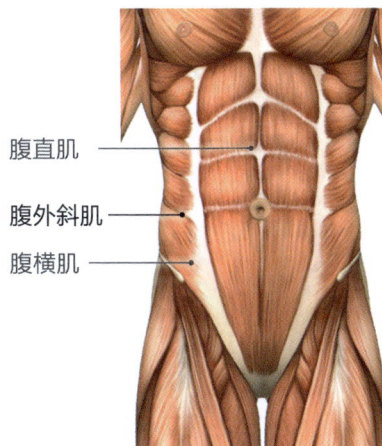

腹直肌

腹外斜肌

腹横肌

08 胸、肩、手臂拉伸

手臂、肩、胸

STEP ▶▶▶ 01

STEP ▶▶▶ 02

手臂上抬

STEP ▶▶▶ 03

训练难度 ★★★　　**训练方法** 4组，每组30次

训练要点
感受目标肌肉得到拉伸。

间歇时间
15秒

动作步骤

01 直立姿，双脚分开与肩同宽，双臂弯曲，双手握拳放置于腰腹部，拳心向上，双脚分开与肩同宽。

02 将双拳抬至胸前位置，双拳相对。

03 双臂保持肘关节弯曲，持续抬高双拳，直至双拳下端与下颚平齐，拳背朝外。

STEP ▶▶▶
05

向后弯

STEP ▶▶▶
07

慢慢还原

STEP ▶▶▶
04

STEP ▶▶▶
06

04 肩部用力，带动双臂继续向上运动，双拳相对，由下颚向上移动至头顶，拳心斜向下，上臂高于肩膀。

05 双臂由脑后上方向脑后下方运动，拳心向下，前臂大致平行于地面，上臂内侧肌肉向外，加大肩部肌肉的拉伸。

06 双臂继续向下移动，移动至脑后方两侧，使肩部肌肉得到充分拉伸。

07 双臂开始向前下落，前臂与上臂夹紧，手握拳于肩部上方。

08 双手握拳继续向下运动,手臂置于胸部两侧,注意肩部要适当放松。

09 双手握拳向下运动至腰腹部,双拳相对,拳心向上,还原至初始姿势。身体在动作过程中始终是笔直的。

【肌肉图展示】

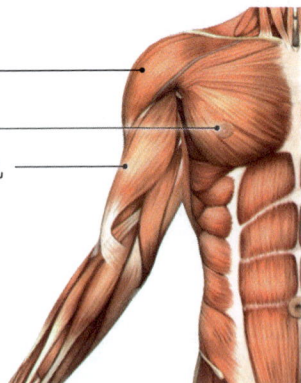

三角肌

胸大肌

肱二头肌

腰部及肩部拉伸

腹、肩、胸

头部缓慢转动。

训练难度 ★★★　　　**训练方法** 4 组，每组 30 次

训练要点
注意保持身体协调。

间歇时间
15 秒

动作步骤

01 双腿打开，屈膝下蹲，双臂伸直撑在双腿的膝关节处，身体前倾，准备向一侧转体。

02 左臂稳住身体重心，腰部和颈部同时向左侧转。

上身向右侧转动。

手扶膝关节，辅助发力。

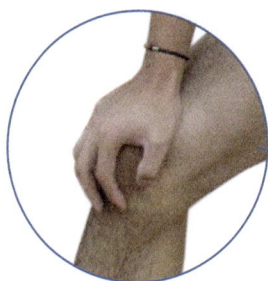

手紧扶膝关节

缓慢移动

03 将上身还原，然后向右侧转身。注意站稳，尤其是转身时，不要出现摇晃现象。

04 右臂稳住身体重心，腰部和颈部同时向右侧转。要把握好转体的速度，切记不要太快。

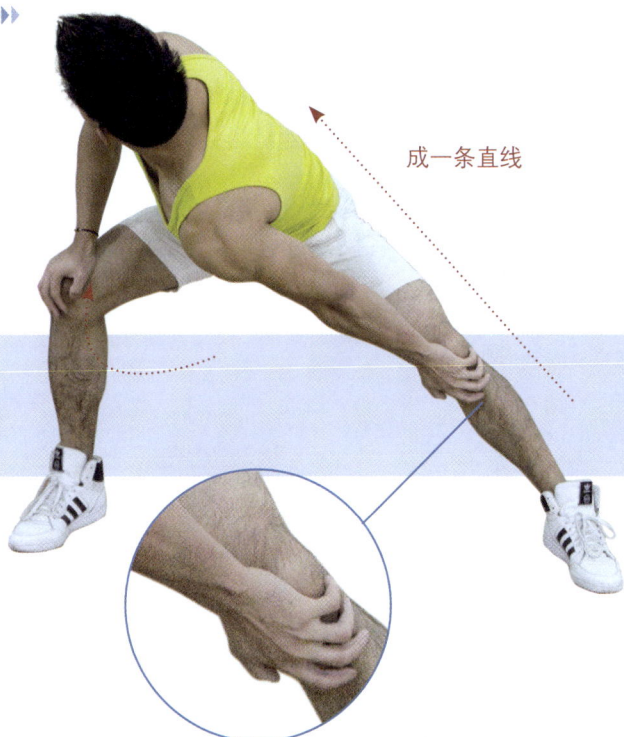

成一条直线

手紧扶膝关节

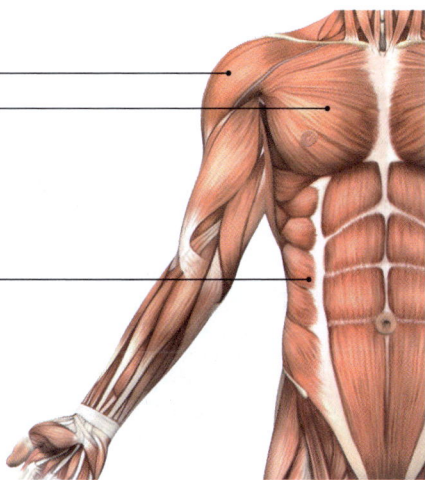

【肌肉图展示】

三角肌

胸大肌

腹外斜肌

05 将左臂伸直撑住左腿，左腿向外蹬，腿部微屈，右腿弯曲，右臂起支撑作用，身体顺势向右侧转，充分拉伸腰部和肩部肌群。

STEP ▶▶▶
05

第十章
那些不得不说的知识

　　肌肉训练需要长期坚持。在长期训练的过程中,你会遇到各种关于训练的问题,接下来我们讲解一下容易遇到的问题。

训练器材
介绍

　　为了快速塑造肌肉的形态，有时我们需要借助一些器材来进行训练。下面给大家简单介绍几款在家里锻炼时可以使用的器材。

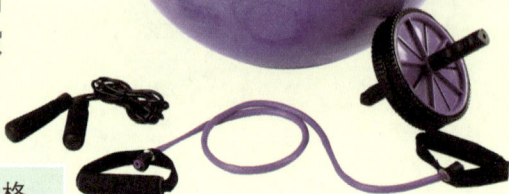

名称	适合人群	锻炼肌肉	规格
哑铃	男士、女士以及儿童	全身肌群	7 种规格以上

1

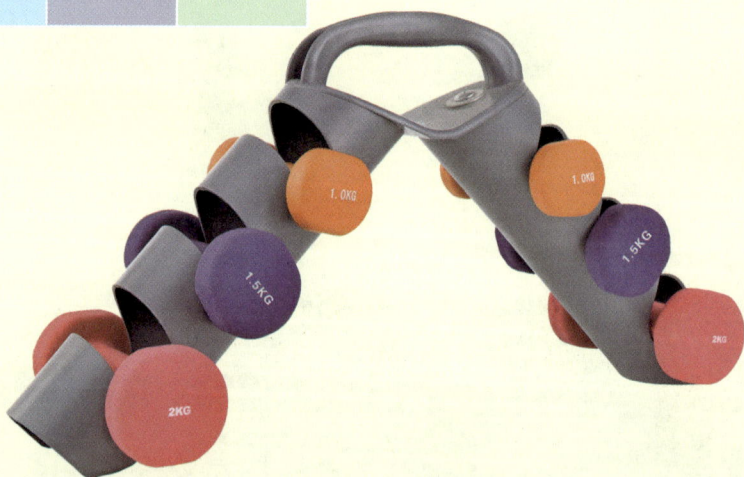

　　哑铃是一种常用的训练器材，它主要用于增肌训练。哑铃的种类繁多，可以根据需求，选择不同大小和重量的哑铃。从材质上看，市面上的哑铃主要有三类：第一类是外层进行过电镀的哑铃，第二类是纯包胶的，第三类是外层包胶的。

2

健腹轮具有坚固、耐用和使用方便等特点，但在使用时有局限性，必须在平地和室内使用。

名称	适合人群	锻炼肌肉	规格
健腹轮	男士、女士	腹部肌群	1 种规格

名称	适合人群	锻炼肌肉	规格
健身带	男士、女士以及儿童	全身肌群	6 种规格以上

3

健身带具有体积小巧、携带方便以及适合不同健身水平的人使用等特点。一般都采用天然乳胶制成，拉伸效果较好。

名称	适合人群	锻炼肌肉	规格
杠铃片	男士、女士	全身肌群	10 种规格

4

杠铃片主要用于重量训练，以提升肌肉力量。其用途广泛，适合身体各部位的肌肉训练。可以搭配杠铃杆来使用，也可以直接使用。

训练计划
图录

肌肉训练需要长期坚持。如果出于某些原因，需要快速训练某些部位，可按照以下图录进行集中性训练。

1 快速练腹肌计划

组数：每个动作做 4 组；间歇：30 秒

① 卷腹
P156

③ 杠铃片
负重侧弯
P176

② 仰卧双举腿 2
P160

④ 仰卧侧身卷腹
P154

2 美化手臂肌群计划

组数：每个动作做 4 组；每组次数：12~15 次；间歇：90 秒

① 杠铃反手弯举
P122

② 双臂哑铃
交替弯举
P110

③ 双臂哑铃
锤式弯举
P120

④ 坐姿哑铃
颈后屈伸
P108

⑤ 俯身单臂哑铃屈伸
P106

⑥ 杠铃坐姿卷
腕（正手）
P125

⑦ 杠铃坐姿卷腕
（反手）
P127

3 美化肩部肌群计划

组数：每个动作做 4 组；每组次数：8~12 次；间歇：90 秒

① 站姿颈后杠铃推举 P80

② 双臂哑铃侧平举 P71

③ 双臂哑铃前举 P64

④ 杠铃体前提拉 P66

⑤ 双臂哑铃俯身飞鸟 P78

4 美化背部肌群计划

组数：每个动作做 4 组；每组次数：8~12 次；间歇：90 秒

① 杠铃硬拉 1 P90

② 双臂哑铃俯身飞鸟 P78

5 美化胸部肌群计划

①②③ 组数：每个动作做 4 组；每组次数：12~15 次；间歇：40 秒
④ 组数：4 组；每组次数：12~15 次；间歇：60 秒

① 宽距俯卧撑
P38

③ 窄距俯卧撑
P134

② 中距俯卧撑
P43

④ 双臂哑铃扩胸
P45

6 美化腿部肌群计划

①② 组数：每个动作做 4 组；每组次数：12~15 次；间歇：60 秒
③④ 组数：每个动作做 4 组；每组次数：8~10 次 / 侧；间歇：30 秒

① 弹力带
半蹲起
P140

③ 哑铃弓箭步
P146

② 挺髋
P148

④ 球上单
腿蹲
P143

Q: 在训练初期，一周训练三次够吗？

A: 肌肉训练要循序渐进地进行，如果刚开始接触肌肉训练，每周保持在2次以上最好，且尽量控制在3次，这样，训练效果最好。连续2天都进行了肌肉训练，则最好休息1天时间，有助于肌肉恢复。休息时可适当进行有氧训练，以提升训练效果。

Q: 如何才能快速减轻体重？节食可行吗？

A: 节食本身对健康是有害的，主要是因为节食会使人体的新陈代谢放慢，这反而会增加食欲。只有合理的锻炼才能有效地加快新陈代谢、保护肌肉组织；只有通过锻炼才能减掉脂肪。所以想快速减轻体重，除了合理安排饮食之外，还需要多进行运动。

Q: 已经瘦下来了,还需要通过肌肉训练去脂吗?

A: 瘦身成功,不代表肌肉就是健康的。科学的肌肉训练,可以使我们的体形更漂亮,肌肉更加结实。同时肌肉训练会提升新陈代谢速度,提升人体的精力与活力。所以即使已经瘦下来了,也要坚持训练一段时间以巩固成果。

Q: 长期、缓慢的运动有利于燃烧脂肪吗?

A: 正常来说,低强度有氧训练更容易促进脂肪的消耗。针对减脂而言,无论是时间短、强度高的运动,还是时间长、强度低的运动,都是有效果的。

Q: 每天锻炼和每周锻炼几次,效果有什么不同?

A: 其实锻炼的效果是可以累积的,所以只要坚持锻炼,无论一周几次,对我们的健康、体重和肌肉都是有好处的。

Q: **运动后我感到非常疲惫，这样正常吗？**

A: 如果在用杠铃进行锻炼后感到疲惫，那么说明你选的杠铃太重了，可以换轻一点的杠铃。如果进行有氧运动后感到疲惫，那么可以降低运动强度，这样就可以缓解疲劳了。如果运动期间感到疲惫，那么最好停止运动，做原地踏步来缓解。

Q: **有氧运动是最有效的减脂运动吗？**

A: 有氧运动是最有效的减脂运动。有氧运动能有效消耗能量，减少全身脂肪的含量，而肌肉训练可以在减掉脂肪的同时增多肌肉。肌肉平均每天可以消耗约 200 千焦的能量，所以肌肉的增多意味着消耗的能量更多。

Q: **举重练习，会使女性看上去很男性化吗？**

A: 举重练习并不会使女性的肌肉太发达，反而越练习越会显得肌肉紧实。举重练习会使女性小腹更加扁平、手臂更加匀称、双腿更加紧实。肌肉的形成主要取决于雄性激素的分泌量，女性雄性激素的分泌量仅是男性的十分之一。因此女性很难将肌肉练得很发达。